NCS 직업기초능력

정보능력

| 김경철 신유안 이성주 고진영 |

• 이론 · 사례 · 평가 내용을 수록한 실무용 교재
• NCS 학습모듈을 반영한 교재

양 성 원

PREFACE

머리말

지난해 실업자가 사상 처음으로 100만 명을 넘어섰으며 청년 구직자 10명 중 1명이 백수 상태라는 뉴스가 보는 이들의 마음을 착잡하게 만든다. 일을 하고자 하는 의사와 능력이 있는데도 일자리가 없어서 일을 하지 못한다니 참으로 가슴 아픈 일이다. 하지만 반대로 생각해보면 10명 중 9명은 일을 하고 있다. 경기가 좋고 좋은 일자리가 많아서 모두가 하고 싶은 일을 하고 산다면 정말 이상적이겠지만 그렇지 않다면 남다른 노력을 통해 자신의 능력을 키우는 것이 본인이 원하는 일을 할 가능성을 높여줄 것이다.

국가직무능력표준(NCS)은 산업현장의 직무를 성공적으로 수행하기 위해 필요한 능력을 국가적 차원에서 표준화한 것을 의미하며 우리나라에서는 직업인들이 공통적으로 갖추어야 할 기초직업능력으로 총 10가지를 제시하고 있다. 그 중에서도 '정보능력'은 정보화 시대를 살아가는 우리들이 필수적으로 갖추어야 할 능력이라 할 수 있다. 이러한 이유로 취업을 준비하거나 혹은 취업 후 성공적인 직장생활을 위해 정보능력을 기르고자 하는 모든 분들에게 도움을 드리고자 이 책을 집필하게 되었다.

이 책은 미래 직업인들의 성공적인 정보능력 개발을 위해 NCS에서 제시하는 모든 내용을 담고자 노력했으며 다음과 같이 구성하였다. 1장에서는 국가직무능력표준에 대해 이해할 수 있도록 NCS의 구성과 특징에 대해 설명하였으며 2장에서는 정보화 시대에 필요한 정보능력에 대해 정리하였다. 3장과 4장, 5장은 정보능력의 하위 능력 중 컴퓨터 활용능력에 관한 내용으로 다양한 인터넷 서비스와 소프트웨어, 데이터베이스, 소셜 네트워크 서비스에 대한 설명과 활동들을 제시하였다. 6장은 정보처리능력에 대한 내용으로 정보의 수집과 분석, 관리와 활용에 대해 논의하였다. 모든 장에서는 학습자의 정보능력에 대한 이해를 돕고자 다양한 사례와 활동들을 제시하였으며 학습평가를 통해 학습한 내용을 확인해볼 수 있도록 구성하였다.

이 책을 함께 집필해준 신유안 교수와 이성주 박사, 고진영 박사께 깊은 감사를 드리며 또한 이 책을 출판 출간되기까지 아낌없는 지원을 해주신 양성원 가족 여러분께도 감사의 인사를 드린다.

2017년 2월
지은이

사전평가

체크리스트

다음은 모든 직업인에게 공통적으로 요구되는 정보능력 수준을 스스로 알아볼 수 있는 체크리스트이다. 본인의 평소 행동을 잘 생각해 보고, 행동과 일치하는 것에 체크해 보시오.

문항	그렇지 않은 편이다.	그저 그렇다.	그런 편이다.
1. 나는 정보와 자료의 차이가 무엇인지 설명할 수 있다.	1	2	3
2. 나는 정보화 사회의 특징에 대해 설명할 수 있다.	1	2	3
3. 나는 업무수행에 있어서 컴퓨터가 활용되는 분야를 설명할 수 있다.	1	2	3
4. 나는 업무수행에 있어서 정보를 효과적으로 처리하기 위한 절차를 설명할 수 있다.	1	2	3
5. 나는 사이버 공간에서 지켜야 할 예절과 규칙을 설명할 수 있다.	1	2	3
6. 나는 업무와 관련된 중요한 정보의 유출을 방지할 수 있는 방법을 설명할 수 있다.	1	2	3
7. 나는 업무수행에 필요한 인터넷서비스의 종류를 설명할 수 있다.	1	2	3
8. 나는 인터넷을 활용하여 업무수행에 필요한 정보를 검색할 수 있다.	1	2	3
9. 나는 업무수행에 필요한 소프트웨어의 종류 및 특징을 설명할 수 있다.	1	2	3
10. 나는 업무수행에 있어서 데이터베이스 구축의 필요성을 설명할 수 있다.	1	2	3
11. 나는 업무수행에 필요한 정보를 효과적으로 수집할 수 있는 방법에 대해 설명할 수 있다.	1	2	3
12. 나는 업무수행에 있어서 정보분석 및 가공의 중요성을 설명할 수 있다.	1	2	3
13. 나는 업무수행에 필요한 정보를 효과적으로 관리할 수 있는 방법을 설명할 수 있다.	1	2	3
14. 나는 업무수행에 유용한 정보와 그렇지 않은 것을 구분하여 효과적으로 정보를 활용할 수 있는 방법에 대해 설명할 수 있다.	1	2	3

평가 방법

체크리스트의 문항별로 자신이 체크한 결과를 아래 표를 이용하여 해당하는 개수를 적어보자.

문항	수준	개수	학습내용	교재(장)
1~6번	그렇지 않은 편이다.	(　　)개	정보능력	1장, 2장
	그저 그렇다.	(　　)개		
	그런 편이다.	(　　)개		
7~10번	그렇지 않은 편이다.	(　　)개	컴퓨터활용능력	3장, 4장, 5장
	그저 그렇다.	(　　)개		
	그런 편이다.	(　　)개		
11~14번	그렇지 않은 편이다.	(　　)개	정보처리능력	6장
	그저 그렇다.	(　　)개		
	그런 편이다.	(　　)개		

평가 결과

평가방법에 따라 자신의 수준을 진단한 후, 한 문항이라도 '그렇지 않은 편이다'가 나오면 그 부분이 부족한 것이므로 제시된 학습내용과 교재장을 참조하여 해당하는 학습내용을 공부하세요.

출처: 국가직무능력표준(www.ncs.go.kr)

CONTENTS

차 례

머리말 / 3

CHAPTER 01 능력중심 사회를 위한 NCS

1. 국가직무능력표준 NCS란 ······ 14
   1) NCS의 정의 ······ 14
   2) NCS의 구성 및 특성 ······ 15
   3) NCS의 연혁 ······ 17
   4) 국가별 NCS 제도 ······ 18
2. NCS 기반 정보능력 ······ 19
   1) NCS 기반 정보능력의 정의 ······ 19
   2) 구성 ······ 20
3. 예비 직업인으로서의 정보능력 ······ 21
   1) 정보화 시대의 리터러시 ······ 21
   2) 체크리스트 ······ 21
   3) 활동사례(정보능력 학습자용 활동) ······ 23

CHAPTER 02 정보능력

1. 정보윤리 ······ 28
   1) 사이버 공간에서의 예절 ······ 29

2. 정보관리 ········ 33
1) 정보관리의 필요성 ········ 33
2) 정보관리 방법 ········ 33

3. 정보보안 ········ 37
1) 개인정보의 정의 ········ 37
2) 개인정보 관련 용어정리 ········ 39
3) 개인정보보호의 10가지 원칙 ········ 40

CHAPTER 03

인터넷 서비스 활용하기

1. 인터넷 ········ 46
1) 인터넷의 개념 ········ 46
2) 인터넷 서비스의 종류 ········ 46
3) 인터넷 동작원리 ········ 46
4) 무선인터넷 ········ 47

2. 전자우편 서비스 ········ 47
1) 전자우편 서비스 정의 및 종류 ········ 47

3. 클라우드 서비스 ········ 51
1) 클라우드 서비스의 정의 ········ 51
2) 클라우드 서비스 종류 ········ 51
3) 클라우드 서비스 개념도 ········ 52

CONTENTS

차 례

4. 메신저 ······ 54

1) 메신저의 정의 및 종류 ······ 54

5. 전자상거래 ······ 56

1) 전자상거래의 정의 ······ 56

2) 전자상거래 특징 ······ 57

3) 전자상거래 개념도 ······ 57

4) 전자상거래 유형 ······ 57

5) 인터넷뱅킹(Internet banking) ······ 58

6) 공인인증서 ······ 58

6. 정보검색 ······ 61

1) 정보검색단계 ······ 61

2) 검색엔진의 분류 ······ 61

3) 검색 연산자 ······ 62

4) 정보검색을 위한 5대 웹브라우저 ······ 62

CHAPTER 04 소프트웨어 활용하기 및 데이터베이스 구축하기

1. 워드프로세서 ······ 70

1) 워드프로세서란? ······ 70

2) 워드프로세서의 종류 ······ 70

3) 워드프로세서의 기능 ······ 73

4) 워드프로세서 화면구성(한글 2014) ······ 74

2. 스프레드시트 ········· 81
1) 스프레드시트란? ········· 81
2) 스프레드시트 프로그램의 종류 ········· 82
3) 스프레드시트의 기능 ········· 84
4) 스프레드시트 기본 화면 구성(엑셀 2013) ········· 84

3. 프레젠테이션 ········· 97
1) 프레젠테이션이란? ········· 97
2) 프레젠테이션 프로그램의 종류 ········· 97
3) 프레젠테이션 프로그램의 기본 화면 구성(파워포인트 2013) ········· 100

4. 유틸리티 프로그램 ········· 112
1) 파일 압축 유틸리티 ········· 112
2) 바이러스 검사 유틸리티 ········· 112
3) 화면 캡처 유틸리티 ········· 113
4) 이미지 뷰어 유틸리티 ········· 113
5) 동영상 재생 유틸리티 ········· 114
6) 음악 재생 유틸리티 ········· 114

5. 데이터베이스 구축의 필요성 ········· 117
1) 데이터베이스(Database) 정의 ········· 117
2) 데이터베이스(Database) 시스템 구성요소 ········· 117
3) 데이터베이스 관리 시스템 ········· 118
4) 데이터베이스(Database) DBMS 구축의 필요성 ········· 119
5) 데이터베이스의 종류 ········· 120
6) 관계형 데이터베이스 구성요소 ········· 121
7) 데이터베이스(Database) 시스템 개발과정 ········· 122

CONTENTS

차 례

CHAPTER 05 소셜 네트워크 서비스(SNS) 활용하기

1. SNS란? ········· 134
- 1) SNS 개념 ········· 134
- 2) SNS 서비스 ········· 135
- 3) SNS 역사 ········· 136
- 4) SNS 특징 ········· 136
- 5) SNS를 둘러싼 쟁점 ········· 137

2. 페이스북 ········· 139
- 1) 페이스북의 정의 ········· 139
- 2) 페이스북 계정 만들기 ········· 140
- 3) 페이스북에서 사용하는 다양한 용어들 ········· 143

3. 인스타그램(Instagram) ········· 144
- 1) 인스타그램의 정의 ········· 144
- 2) 인스타그램 가입하기 ········· 144
- 3) 인스타그램 용어 ········· 146

4. 라인 ········· 146
- 1) 라인의 정의 ········· 146
- 2) 라인 시작하기 ········· 146
- 3) 라인 활용하기 ········· 148

CHAPTER 06

정보처리능력

1. 정보수집 ··· 152
   1) 정보원 ··· 152
   2) 정보수집 방법 ··· 152
2. 정보분석 ··· 155
3. 정보관리 ··· 159
4. 정보활용 ··· 162
   1) 기업경영 분야에서의 활용 ··· 163
   2) 행정 분야에서의 활용 ··· 164
   3) 산업 분야에서의 활용 ··· 164
   4) 기타 분야에서의 활용 ··· 165

- 사후평가 ··· 170
- 참고문헌 ··· 173
- 찾아보기 ··· 175
- 정답 및 해설 ··· 178

Memo

C·H·A·P·T·E·R

01 능력중심 사회를 위한 NCS

학습목표

국가직무능력표준 NCS에 대하여 이해하고, 산업현장에서 직무를 수행하기 위해 요구되는 지식·기술·소양능력기반 업무수행능력을 갖출 수 있다.

세부목표

1. 국가직무능력표준 NCS에 대하여 안다.
2. NCS의 구성 및 특징을 안다.
3. 정보능력의 요소를 알고 그 능력을 함양할 수 있다.

주요용어

국가직무능력표준 NCS | 정보능력 | 지식 | 기술 | 태도 | 미디어 리터러시

1. 국가직무능력표준 NCS란

1) NCS의 정의

국가직무능력표준(NCS; National Competency Standards)은 산업현장에서 직무를 수행하기 위해 요구되는 지식・기술・소양 등의 내용을 국가가 산업부문별・수준별로 체계화한 것으로, 산업현장의 직무를 성공적으로 수행하기 위해 필요한 능력(지식, 기술, 태도)을 국가적 차원에서 표준화한 것을 의미한다. 즉, 직업과 교육, 자격 취득을 위한 교육기관과 산업체의 연계 시스템으로, 산업체에서 요구하는 직업교육과 자격에 관한 직무 내용을 교육과정 개발을 위한 기초자료로 활용 가능하며, 직무성과에 초점을 둔 것으로서 근로자가 자신의 직무를 효과적으로 수행하기 위하여 요구되는 능력을 표준화한 것이다(산업인력관리공단, 2003).

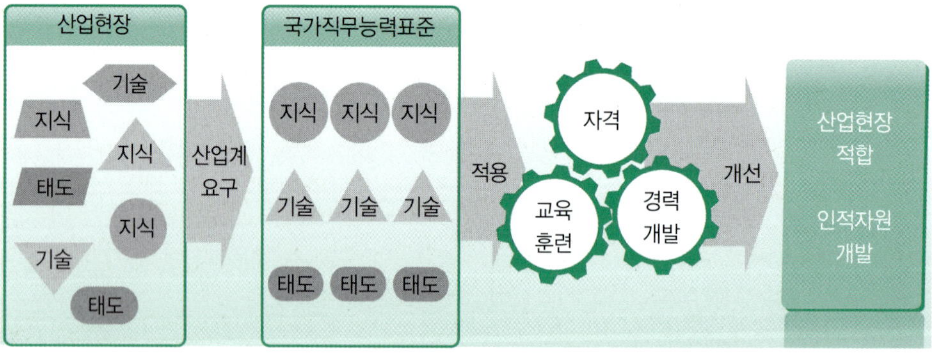

NCS 도입 배경은 첫째, 국내 교육훈련 및 자격제도가 산업현장의 노동수요측면의 요구를 제대로 반영하지 못하는 현상과 대학생을 비롯한 교육훈련이수자 및 자격 취득자의 현장 직무수행능력에 구조적인 문제점이 있기 때문이다. 둘째, 대학교육을 비롯한 교육훈련과 국가자격제도가 긴밀하게 연계되지 않기 때문에 이들 제도의 운영에서 효과성 및 효율성 확보에 상당한 문제점이 드러났기 때문이다(고현진, 최성주, 2012).

2) NCS의 구성 및 특성

능력단위에서 직무는 국가직무능력표준 분류의 세분류를 의미하고, 원칙상 세분류 단위에서 표준이 개발된다. 능력단위는 국가직무능력표준 분류의 하위단위로서 국가직무능력표준의 기본 구성요소에 해당된다. 또한 능력단위는 능력단위분류번호, 능력단위정의, 능력단위요소(수행준거, 지식·기술·태도), 적용범위 및 작업상황, 평가지침, 직업기초능력으로 구성된다.

- NCS의 특성으로는 한 사람의 근로자가 해당 직업 내에서 소관 업무를 성공적으로 수행하기 위하여 요구되는 실제 수행능력을 의미한다.
  - 직무수행능력 평가를 위한 최종 결과의 내용 반영
  - 최종 결과는 '무엇을 하여야 한다'보다는 '무엇을 할 수 있다'는 형식으로 제시

- 해당 직무를 수행하기 위한 모든 종류의 수행능력을 포괄하여 제시한다.
  - 작업능력: 특정 업무를 수행하기 위해 요구되는 능력
  - 작업관리능력: 다양한 여러 작업을 계획하고 조직화하는 능력
  - 돌발상황 대처능력: 일상적인 업무가 마비되거나 예상하지 못한 일이 발생했을 때 대처하는 능력
  - 미래지향적 능력: 해당 산업관련 기술적, 환경적 변화를 예측하여 상황에 대처하는 능력

[국가직무능력표준 능력단위 구성]

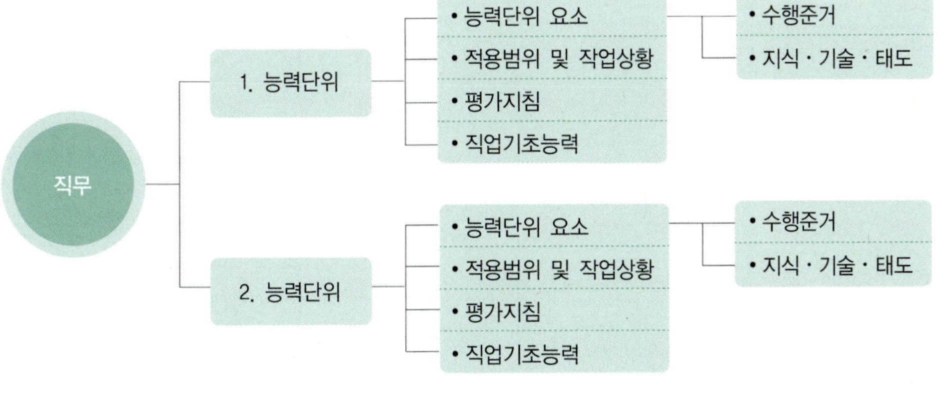

출처: http://www.ncs.go.kr

NCS의 분류체계는 직무유형을 중심으로 단계 구성을 '대분류(24개)-중분류(80개)-소분류(226개)-세분류(880개)'로 나누었다. 또한 직무의 수준체계를 직무의 난이도에 따라 1수준부터 8수준까지 총 8단계로 제시하고 있다(산업인력공단, 2015).

NCS 직업기초능력은 직업인들에게 공통적으로 요구되는 10개 대분류와 34개 소분류로 구성되어 있으며, 그 구성은 다음과 같다.

대분류
① 직능유형이 유사한 분야(한국고용직업분류 참조)
중분류
① 대분류 내에서 직능유형이 유사한 분야 ② 대분류 내에서 산업이 유사한 분야 ③ 대분류 내에서 노동시장이 독립적으로 형성되거나 경력개발경로가 유사한 분야 ④ 중분류 수준에서 산업별인적자원개발협의체(SC)가 존재하는 분야
소분류
① 중분류 내에서 직능유형이 유사한 분야 ② 소분류 수준에서 산업별인적자원개발협의체(SC)가 존재하는 분야
세분류
① 소분류 내에서 직능유형이 유사한 분야 ② 한국고용직업분류의 직업 중 대표 직무

• 모듈(Module)형태로 구성되어 있다.
- 한 직업 내에서 근로자가 수행하는 개별 역할인 직무능력을 능력단위(unit)화하여 개발
- NCS는 여러 개의 능력단위 집합으로 구성

• 산업계 단체가 주도적으로 참여하여 개발한다.
- 해당분야 산업별 인적자원개발위원회(ISC), 산업별 인적자원개발협의체(SC), 관련 전문기관(단체) 등이 참여하여 NCS 개발
- 산업현장에서 우수한 성과를 내고 있는 근로자 또는 전문가가 NCS 개발 단계마다 참여

(2016 NCS개발 매뉴얼)

NCS 영역 분류 체계도(예시)

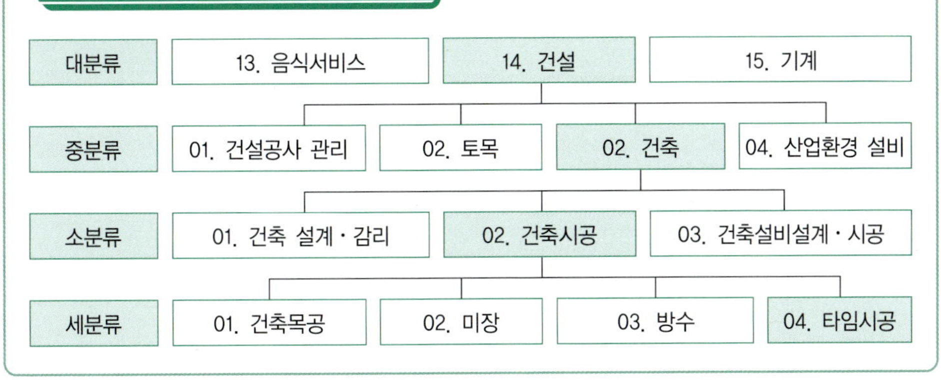

3) NCS의 연혁

- 1999년 국무조정실 자격제도 규제개혁 과제의 일환으로 '국가직업능력표준의 조기 개발·보급' 제시
- 2002년 2000년 국무조정실 합의에 따라 2002년부터 표준 개발 착수
  고용노동부·한국산업인력공단 주관 국가직업능력표준(NOS; National Occupational Standards) 개발
  교육부·한국직업능력개발원 주관 국가직무능력표준(KSS; Korea Skills Standards) 개발
- 2007년 2007년 자격기본법령 개정으로 표준 개발 법제화, 동 법령은 각 부처가 소관 산업 분야의 NCS를 개발하여 고시하도록 규정
- 2009년 [국가직무능력 표준 일원화 TF] ('09.2~8)구성·운영
- 2010년 2010년 5월 국가직무능력표준 추진 효율화를 위한 '국가정책조정회의' 조정
- 2013년 2013년 2월 '능력중심 사회를 위한 여건 조정'의 핵심 국정과제로 확정
  2014년 12월까지 총 797개 NCS 개발 완료('13년 240개, '14년 557개 개발)
- 2015년 2015년 1월 기획재정부, 고용노동부, 교육부 등 정부부처와 협력하여 공공기관 및 기업에서의 활용, 과정평가형 자격제도 시행, 신직업자격의 설계와 적용 등에 중점을 두어 NCS 활용·확산 추진
  890개 민간 중견·중소기업 대상 기업 컨설팅 실시

4) 국가별 NCS 제도

외국의 각 국가별 NCS 및 자격체계 제도를 제시하면 다음과 같다(김동연, 2015).

첫째, 국제노동기구는 RMCS(Regional Model Competency Standards) 국가직무능력표준과 RMQF(Regional Model Qualification Framework) 자격체계를 사용한다.

둘째, 미국은 주마다 자체적인 국가직무능력표준을 개발 적용하고 있다. 예를 들어 위스콘신주는 학생들의 직업 선택에 활용하고 워싱턴주는 산업현장과 교육 간 협력에 활용하고 있다. 또한 일리노이주는 IOSS(Iiiinois Occupational Skill Standards)를 개인의 직무 수행과 자격체계 기준으로 활용하고 있다.

셋째, 캐나다와 독일 그리고 영국은 국가직무능력표준의 명칭을 공통적으로 NOS(National Occupational Standards)로 하며, 캐나다와 영국은 교육과 자격 간의 연계 강화를 위해 QCF(Qualification and Credit Framework)를 사용하고 있다. 독일은 NOS를 기반으로 EQF(European Qualifications Framework)와의 연동을 추진하고 있다(EC, 2014).

넷째, 프랑스는 국가직무능력표준 및 자격체계를 NQF와 EQF를 사용한다. 그리고 호주와 뉴질랜드의 국가직무능력표준 명칭은 공통적으로 NCS를 사용하고 자격체계는 AQF(Australian Qualification Framework)와 NQF를 사용하고 있다(AQF, 2014).

다섯째, 일본은 VAAS(Vocational Ability Assessment Standards) 및 NSS(National Skill Standards in IT)를 IT분야의 국가자격체계로 활용하고 있다. 그리고 중국은 기능검정제도 명칭 하에 NQF와의 자격체계를 구축하고, 홍콩은 국가직무능력표준의 명칭을 SCS로 사용하고 산업현장의 수요를 반영한 직업교육을 개발하고 있다.

여섯째, 말레이시아는 NOSS(National Occupation Skills Standards), 남아프리카공화국은 NQF를 국가직무능력표준 명칭으로 사용하고 NQF와 연동을 구축하고자 한다. 또한 몰타는 NQF를 구축하여 EQF와 연동하여 자격체계 기준으로 활용하고 있다.

이와 같이 국외의 국가직무능력표준 및 국가자격체계 제도의 도입에 따른 활용 사례를 통하여 얻은 시사점을 살펴보면 다음과 같다.

첫째, 선진 국가들은 물론 개발도상국들도 국가 간의 자격체계에 대한 상호 통용성 제고 방안으로 유럽자격체계를 적극적으로 도입 및 사용하고자 노력하고 있다.

둘째, 산업현장에서 근로자가 갖추어야 할 직무 능력을 체계화하기 위해서는 직업교육기관, 산업현장 등에서 개인의 경력경로개발에 적용·활용할 수 있는 NCS

기반의 직업교육과정 개발이 무엇보다 중요하다.

셋째, 우리나라에서도 유럽 선진국과 마찬가지로 국가직무능력표준에 기반한 산업현장과 교육훈련, 그리고 자격 제도를 국가 차원에서 체계화시킨 공통의 통합시스템이 필요하다. 현재 우리나라의 국가직무능력표준 명칭은 NCS이며, 이를 국가자격체계인 NQF와 연동하여 자격체계의 기준으로 적극 활용하고자 한다.

2. NCS 기반 정보능력

1) NCS 기반 정보능력의 정의

정보능력이란 업무를 수행할 때 기본적으로 컴퓨터를 활용하여 필요한 정보를 수집, 분석, 조직, 관리, 활용하는 컴퓨터활용능력과 업무 수행에 필요한 정보를 수집하고, 분석하여 의미 있는 정보를 찾아내며, 찾아낸 정보를 업무 수행에 적절하도록 조직·관리하고 활용하는 정보처리능력으로 구성되어 있다(정보능력 학습자용 워크북).

특히 정보는 전 세계에 산재해 있는 자료들 중에 필요한 것만을 골라내어 얻을 수도 있지만, 경우에 따라서는 전문가들의 손에 의해 자료들을 가공하고 처리해야만 '정보'로서의 가치를 얻을 수 있는 것들도 많다. 예를 들어, 우리나라에서 한 해 동안 소비되는 담배의 양이 얼마나 되는지를 알기 위해서는 각 시·도에서 소비되는 담배의 양에 관한 자료를 수집하여 집계해야 한다. 이렇게 집계된 결과는 바로 우리가 얻고자 하는 '정보'가 되고, 각 시·도의 담배 소비량은 정보를 얻기 위해 입력한 '자료'가 된다. 따라서 자료(data), 정보(information)와 지식(knowledge)은 본질적으로 구분되어 있는 서로 다른 것이 아니기 때문에, 굳이 뗄레야 뗄 수 없는 불가분의 관계로 보아야 한다.

2) 구성

[NCS 직업기초능력의 영역과 하위요소]

영역	개념	하위요소
의사소통능력	업무를 수행함에 있어 글과 말을 읽고, 들음으로써 다른 사람이 뜻한 바를 파악하고 자기가 뜻한 바를 글과 말을 통해 정확하게 쓰거나 말하는 능력	문서이해능력 문서작성능력 경청능력 의사표현능력 기초외국어능력
수리능력	업무를 수행함에 있어 사칙연산, 통계, 확률의 의미를 정확하게 이해하고 이를 업무에 적용하는 능력	기초연산능력 기초통계능력 도표분석능력 도표작성능력
문제해결능력	업무를 수행하면서 문제상황이 발생하였을 경우 창조적이고 논리적인 사고를 통하여 이를 올바르게 인식하고 적절히 해결하는 능력	사고력 문제처리능력
자기개발능력	업무를 원활히 추진하는 데 적절한 자질을 지닐 수 있도록 스스로를 관리하고 개발하는 능력	자아인식능력 자기관리능력 경력개발능력
자원관리능력	직장에서 시간, 예산, 물적자원, 인적자원 등의 다양한 자원 중 무엇이 필요한지를 확인하고, 이용 가능한 자원을 최대한으로 수집해 실제업무에 활용할 수 있도록 할당하는 능력	시간자원관리능력 예산자원관리능력 물적자원관리능력 인적자원관리능력
대인관계능력	업무를 수행함에 있어 접촉하게 되는 사람들과 문제를 일으키지 않고 원만하게 지내는 능력	팀워크능력 리더십능력 갈등관리능력 협상능력 고객서비스능력
정보능력	업무와 관련된 정보를 수집하고 이를 분석하여 의미 있는 정보를 찾아내며, 의미있는 정보를 업무수행에 적절하도록 조직하고, 조직된 정보를 관리하며, 업무 수행에 이러한 제 과정에 컴퓨터를 사용하는 능력	컴퓨터활용능력 정보처리능력
기술능력	업무를 수행함에 있어 도구, 장치 등을 포함하여 필요한 기술에는 어떠한 것들이 있는지 이해하고, 실제로 업무를 수행함에 있어 적절한 기술을 선택하여 적용하는 능력	기술이해능력 기술선택능력 기술적응능력
조직이해능력	직업인으로서 직장생활에서 필요한 조직의 경영목표, 조직구조, 업무내용, 국제동향 등을 이해하는 능력	국제감각능력 조직체제이해능력 경영이해능력 업무이해능력
직업윤리능력	근로자에게 요구되는 기본윤리와 공동체 유지・발전에 필요한 기본적인 윤리준수능력	근로윤리 공동체윤리

3. 예비 직업인으로서의 정보능력

1) 정보화 시대의 리터러시

과거에는 글자를 읽거나 연산에 대한 기능을 익히면 일상생활의 어려움이 많지 않았다. 그러나 현재와 같은 정보화 시대는 각종 미디어의 개발로 인하여 전통적인 개념을 넘는 미디어를 읽어 내거나, 사용할 수 있는 능력인 미디어 리터러시의 고차원적인 사고 능력이 필요하다. 직업인으로서의 능력을 기르기 위해서는 기본적인 정보능력에서부터 자신의 해당 분야에서 주로 쓰이는 미디어 리터러시에 대한 역량을 길러야 한다.

2) 체크리스트

다음은 모든 직업인에게 공통적으로 요구되는 정보능력 수준을 스스로 알아볼 수 있는 체크리스트이다. 본인의 평소 행동을 잘 생각해 보고, 행동과 일치하는 것에 체크해 보자.

문항	그렇지 않은 편이다.	그저 그렇다.	그런 편이다.
1. 나는 정보와 자료의 차이가 무엇인지 설명할 수 있다.	1	2	3
2. 나는 정보화 사회의 특징에 대해 설명할 수 있다.	1	2	3
3. 나는 업무수행에서 컴퓨터가 활용되는 분야를 설명할 수 있다.	1	2	3
4. 나는 업무수행에서 정보를 효과적으로 처리하기 위한 절차를 설명할 수 있다.	1	2	3
5. 나는 사이버 공간에서 지켜야 할 예절과 규칙을 설명할 수 있다.	1	2	3
6. 나는 업무와 관련된 중요한 정보의 유출을 방지할 수 있는 방법을 설명할 수 있다.	1	2	3
7. 나는 업무수행에 필요한 인터넷서비스의 종류를 설명할 수 있다.	1	2	3
8. 나는 인터넷을 활용하여 업무수행에 필요한 정보를 검색할 수 있다.	1	2	3
9. 나는 업무수행에 필요한 소프트웨어의 종류 및 특징을 설명할 수 있다.	1	2	3

문항	그렇지 않은 편이다.	그저 그렇다.	그런 편이다.
10. 나는 업무수행에서 데이터베이스 구축의 필요성을 설명할 수 있다.	1	2	3
11. 나는 업무수행에 필요한 정보를 효과적으로 수집할 수 있는 방법에 대해 설명할 수 있다.	1	2	3
12. 나는 업무수행에서 정보분석 및 가공의 중요성을 설명할 수 있다.	1	2	3
13. 나는 업무수행에 필요한 정보를 효과적으로 관리할 수 있는 방법을 설명할 수 있다.	1	2	3
14. 나는 업무수행에 유용한 정보와 그렇지 않은 것으로 구분하여 효과적으로 정보를 활용할 수 있는 방법에 대해 설명할 수 있다.	1	2	3

• 체크리스트의 문항별로 자신이 체크한 결과를 아래 표를 이용하여 해당하는 개수를 적어보자.

문항	수준	개수	학습내용	교재 Page
1~6번	그렇지 않은 편이다.	(　　)개	정보능력	pp. 13~43
	그저 그렇다.	(　　)개		
	그런 편이다.	(　　)개		
7~10번	그렇지 않은 편이다.	(　　)개	컴퓨터활용능력	pp. 45~149
	그저 그렇다.	(　　)개		
	그런 편이다.	(　　)개		
11~14번	그렇지 않은 편이다.	(　　)개	정보처리능력	pp. 151~168
	그저 그렇다.	(　　)개		
	그런 편이다.	(　　)개		

• 평가 결과

평가 결과에 따라 자신의 수준을 진단한 후, 한 문항이라도 '그렇지 않은 편이다'가 나오면 그 부분이 부족한 것이기 때문에, 제시된 학습내용과 교재 Page를 참조하여 해당하는 학습내용을 공부하세요.

3) 활동사례(정보능력 학습자용 활동)

활동1

현대사회를 '정보혁명', '컴퓨터 혁명' 또는 '커뮤니케이션 혁명'으로부터 파급된 정보화 사회라고 부른다. 정보화 사회의 도래에 가장 결정적인 영향을 미친 것은 아마도 컴퓨터 기술과 통신기술의 발전일 것이다. 당신도 업무수행 혹은 일상생활에서 10년 전과 현재는 많이 다르다는 것을 느낄 것이다. 그렇다면 10년 후의 모습은 어떻게 될까?

1. 업무수행 혹은 일상생활에서 10년 전과 현재를 비교해보았을 때, 달라진 점은 무엇인지 각자의 생각을 적어보도록 하자.

[10년 전]		[현재]
○ ○ ○ ○ ○ ○ ○	➡	○ ○ ○ ○ ○ ○ ○

2. 업무수행 혹은 일상생활에서 10년 후에는 어떻게 변화하게 될지 각자의 생각을 적어보도록 하자.

○

○

○

○

○

○

○

활동 2

스마트폰 신상품 기획서 작성

스마트폰 회사에 재직 중인 K씨는 담당 부장으로부터 중년층을 주요 타켓으로 하는 신상품에 대한 기획서를 제출할 것을 요청받았다. 현재 K씨는 고객의 주소, 성별, 이름, 나이, 전화번호, 보유 스마트폰 기종, 스마트폰 활용 횟수 등에 관한 자료를 보유하고 있다.

K씨는 이 자료를 정리하여 중년층이 선호하는 스마트폰 기종을 정리하여 중년층이 하루에 스마트폰을 활용하는 평균 횟수를 집계하고, 중년층의 보유 스마트폰 기종, 중년층의 성별에 따른 선호 디자인 등을 분석하였다. 이를 종합하여 중년층을 주요 타켓으로 하는 스마트폰의 디자인을 고안해 낼 수 있었으며, 중년층을 타켓으로 하는 적정 통화 금액도 산출해 낼 수 있었다. 이를 토대로 K씨는 중년층을 주요 타켓으로 하는 신상품에 대한 기획서를 성공적으로 작성할 수 있었다.

* 여러분은 지금 정보의 홍수 속에서 살고 있다. 업무를 수행하는 중에도 신문, 잡지, 도서, 방송, 외부 DB, 세미나, 소문 등으로부터 수많은 자료를 획득하게 된다. 그러나 이러한 수 많은 자료들이 모두 유용한 정보가 될 수 있을까?

1. '스마트폰 신상품 기획서 작성' 사례를 통해 우리 주위에 있는 모든 자료가 모두 유익한 것은 아니라는 것을 알았을 것이다. 자료를 특정한 목적과 문제해결에 도움이 되도록 변환한 것이 정보가 될 수 있을 것이다. '스마트폰 신상품 기획서 작성' 사례에서 자료란 어떠한 것이 있고, 자료로부터 얻을 수 있는 정보는 무엇이었는지 작성해보도록 하자.

[자료]	➡	[정보]
○ 고객의 주소		○ 중년층의 스마트폰 활용 횟수
○ 고객의 성별		○
○		○
○		○
○		○
○		○
○		

2. 당신이 속한 조직에도 수많은 자료가 있을 것이다. 예를 들어, 동료들의 나이, 성별, 키, 몸무게, 스마트폰 소지율 등은 모두 자료가 될 수 있을 것이며, 이로부터 남자의 스마트폰 소지율과 여자의 스마트폰 소지율을 구했다면 이는 정보가 될 수 있을 것이다. 이 밖에 당신의 주위에서 수집할 수 있는 자료를 적어보고, 이 자료로부터 얻을 수 있는 정보는 어떠한 것들이 있을지 각자의 생각을 적어보도록 하자.

[자료]		[정보]
○		○
○		○
○		○
○	➡	○
○		○
○		○
○		○

• Episode

『미국 여행하기』

당신이 미국에서 살거나 여행을 간다고 생각해보자. 아마도 당신은 먼저 미국 대륙의 기호, 언어, 생활습관, 교통 등에 관한 지식을 미리 공부해두어야 할 것이다. 그러나 미국에 관한 자료를 모두 모으려면 그 양이 너무 많을 것이며, 그 자료들 중에는 사람들의 목적에 따라 자기에게 필요한 자료와 별로 필요하지 않은 자료들이 섞여 있을 것이다. 또 관광이 목적인 사람과 사업이 목적인 사람은 각기 필요로 하는 자료의 종류와 내용이 서로 다를 수 있다. 즉, 아프리카를 여행하고자 하는 사람에게 아프리카 대륙의 교통편에 관한 자료는 중요한 정보가 된다. 그러나 캐나다를 여행하고자 하는 사람에게는 그 자료가 쓸모없는 자료가 될 것이다. 이와 같이 어떤 자료가 정보로서의 가치를 가지는지의 여부는 상황에 따라 달라지게 된다.

『자료 VS 정보』

170, 180, 65, 95, 98 이라는 숫자들이 나열되어 있을 경우, 이 개개의 수치들로부터 그 의미를 파악할 수 있을까? S기업 인사팀의 L씨는 이들을 분류하고 정리하여 홍길동은 키가 175cm, 몸무게가 65Kg, 가슴둘레가 95cm이며, 박미영은 키가 180cm, 몸무게가 70kg, 가슴둘레가 98cm라는 사실을 알게 되었다. 이와 같이 L씨는 조직원들의 체격에 관한 자료들을 정리하여 S기업 조직원들의 평소 운동량과 체격의 관계에 대한 보고서를 작성할 수 있었다.

학습 평가

01 괄호 안에 알맞은 말을 쓰시오.

(　　　　　)이란 산업현장에서 직무를 수행하기 위해 요구되는 지식·기술·소양 등의 내용을 국가가 산업부문별·수준별로 체계화한 것으로, 산업현장의 직무를 성공적으로 수행하기 위해 필요한 능력(지식, 기술, 태도)을 국가적 차원에서 표준화한 것을 의미한다.

02 정보능력의 하위요소로 알맞은 것을 두 가지 고르시오.

① 컴퓨터활용능력　　② 고객서비스능력
③ 기술이해능력　　④ 정보처리능력
⑤ 팀워크능력

03 다음의 괄호 안에 공통으로 들어갈 말을 쓰시오.

현재와 같은 정보화 시대는 각종 미디어의 개발로 인하여 전통적인 개념을 넘는 미디어를 읽어 내거나 사용할 수 있는 능력인 (　　　　)의 고차원적인 사고능력이 필요하다. 직업인으로서의 능력을 기르기 위해서는 기본적인 정보능력에서부터 자신의 해당 분야에서 주로 쓰이는 (　　　　)에 대한 역량을 길러야 한다.

CHAPTER

02 정보능력

학습목표

정보화 시대에 필요한 정보윤리를 이해하고 업무수행을 위한 정보관리 및 정보보안에 대하여 알아본다.

세부목표

1. 정보화 시대에 지켜야 할 예절을 알 수 있다.
2. 정보의 관리 방법에 대하여 알 수 있다.
3. 개인정보와 관련한 용어를 설명할 수 있다.
4. 정보보안 방법을 알 수 있다.

주요용어

정보 | 정보화 시대 | 네티켓 | 개인정보 | 정보보안

1. 정보윤리

'정보'란 자료를 컴퓨터가 일정한 프로그램에 따라 처리·가공함으로써 '특정한 목적을 달성하는 데 필요하거나 특정한 의미를 가진 것으로 다시 생산된 것'을 뜻한다.

우리는 전 세계에 산재해 있는 자료들 중에 필요한 것만을 골라내어 정보를 얻을 수 있지만, 경우에 따라서는 전문가들의 손에 의해 자료들을 가공하고 처리해야만 '정보'로서의 가치를 얻을 수 있는 것들도 많다고 배웠다. 예를 들어, 앞장에서 예로 든 담배의 소비량처럼 어떻게 자료를 처리하고 해석하느냐에 따라 자료가 정보가 되기도 하고 지식이 될 수 있다.

정보와 지식, 자료의 고전적인 구분은 맥토너(McDonough)가 저서인『정보경제학』에서 시도하였다. 그는 비교적 단순한 방법으로 정보와 지식, 자료를 구분하고 있다. 즉, 자료는 '가치가 평가되지 않은 메시지', 정보는 '특정상황에서 평가된 자료', 지식은 '정보가 더 넓은 시간·내용의 관계를 나타내는 것'이라고 정의하였다(정보능력학습자용 워크북).

정보화 시대를 살아가고 있는 현재 사회에서는 정보시스템에 대한 광범위한 사용과 의존으로 인해 정보처리 시 철저한 정보윤리 의식이 요구된다. 따라서 조직 구성원에 의해 실천되는 정보윤리는 대단히 중요한 비중을 차지하게 되었다. 이렇듯 정보기술의 발전으로 인해 정보와 정보화 사회의 중요성이 부각되므로, 정보는 필수적으로 윤리성을 동반하게 되며, 정보기술은 기존의 법과 규범체계로서는 해결하기 어려운 기술적·법적·윤리적 문제들을 발생시키고 있다(정보통신윤리위원회, 2003).

우리나라는 불건전한 정보통신 억제와 건전한 정보문화 창달을 위해 정보통신윤리위원회를 설치하였다. 정보통신망의 급증에 따라 불건전 정보의 유통이 새로운 사회적 문제로 대두되면서, 이를 방지해야 한다는 취지로 1992년 10월, 「전기통신사업법」 제53조 및 동 시행령 제19조에 의거해 정보통신윤리위원회가 구성된 뒤, 위원회 역할 강화 필요성에 의해 1995년 1월 「전기통신사업법」을 개정하고, 그 해 4월 법정 기구로 새롭게 출범하였다.

1) 사이버 공간에서의 예절

네티켓은 사이버 공간에서 지켜야 하는 예절을 뜻한다. 네티켓은 통신망을 뜻하는 '네트워크'와 예절을 뜻하는 '에티켓'의 합성어로, 네티즌이 사이버 공간에서 지켜야 할 비공식적인 규약이라고 할 수 있다.

네트워크(network) + 에티켓(etiquette) = 네티켓(netiquette)

네티켓은 법적인 제재에 의존하는 타율적 해결보다는 네티즌 스스로 자율적으로 사이버 공간의 문제를 미리 방지하고, 이성적으로 해결해 나가자는 적극적 의미를 가지고 있다. 인터넷이라는 가상 공간은 익명성과 쌍방향성이라는 특성에 의해 오해를 사거나 다른 사람들의 감정을 해칠 수도 있다. 따라서 현실공간에 비해 오히려 더욱더 예절이 필요한 공간이 가상공간이다.

사이버 공간 역시 오프라인과 마찬가지로 윤리적인 부분이 지켜지지 않을 경우 사이버 공간을 이용한 범죄행위가 난무할 수 있다. 전산망 해킹, PC 해킹, 아이디 비밀번호 도용, 주민번호 및 개인 신상 정보 해킹, 인터넷 도·감청 해킹, 허위 주민등록번호·신용카드번호 제조와 해킹 등의 범죄행위가 나타날 수 있다. 또한 개인정보 침해에 해당하는 개인정보 변경·말소·누설·처리·제공, 개인정보의 전용, 제3자에게 제공 및 누설, 통신비밀 침해·누설, 타인의 정보 훼손, 침해, 도용, 신용정보업자 등 업무상 비밀 침해 등도 있다. 뿐만 아니라 전자상거래 범죄에 해당하는 통신판매사기, 인터넷 경매·역경매 사기, 직거래 사기, 다단계 판매사기, 상표 도용사기, 환불교환 거부 및 불공정 거래 사기, 허위·과장광고사기가 있다. 그 밖에도 불건전 범죄의 하나인 음란물과 폭력물 등의 유포나 사이버 언어폭력, 허위사실 유출, 악성루머, 스팸메일 등도 정보화 시대의 윤리성이 결여된 예 중 하나이다.

이에 대해 추병완은 정보화 사회에서 인간 완성에 기여할 수 있는 네 가지 도덕 원리로서 존중, 책임, 정의, 해악 금지를 제시하고 있다.

첫째, 존중의 원리이다. 사이버 공간에서는 상대방이 내 눈에 보이지 않는 가운데 많은 행동이 일어나므로, 상대방의 존재를 적극적으로 인정하려는 존중의 원리가 절대적으로 필요하다. 만약 존중의 원리가 적용되지 않는다면, 사이버 공간은 서로 자기의 이익을 추구하기 위한 싸움터가 될 것이다.

둘째, 책임의 원리이다. 사이버 공간에서는 통일적 정체감의 상실, 역할의 상실에 따른 책임 회피가 쉽게 일어날 수 있으므로, 현실 공간에 비해 더욱 수준 높은 책임 의식이 요구된다. 또한 현실 세계에서는 나의 행동으로 인해 피해를 입는 사람이 적지만, 사이버 공간에서는 그 수를 헤아릴 수 없이 많은 사람들이 피해를 받을 수 있다. 그러므로 사이버 공간에서는 어떤 행동을 하기 전에 나의 행동이 다른 사람에게 어떠한 영향을 미치게 될 것인지에 대해 신중하게 생각해 본 다음에 행동하는 것이 바람직하다.

셋째, 정의의 원리이다. 정보 사회에서 우리는 정의의 원리에 따라서 참되고 공정한 정보를 교환해야 한다. 타인의 권리를 함부로 침해해서는 안 된다. 또한 인간의 자유를 구속하려는 옳지 못한 법이나 규칙에 대해서는 적극적으로 대응해 나가야 한다. 나아가, 정보 사회에서 모든 인간은 각 개인의 기본적 자유를 최대한으로 펼칠 동등한 권리를 갖고 있으며, 그럼에도 능력의 차이 때문에 생기는 결과에 대해서는 차등의 원리에 따라 능력과 결과에 적합한 보상을 해주어야 한다.

넷째, 해악 금지의 원리이다. 해악 금지란 남에게 피해를 주지 않는 것을 뜻한다. 사이버 공간에서 다른 사람에게 폭력을 행사하는 것, 해킹을 하거나 바이러스를 퍼뜨리는 것, 타인을 비방하거나 욕설을 일삼는 것과 같은 행동들은 남에게 해로움을 주는 것이므로 마땅히 해서는 안되는 것이다.

(1) 전자우편(E-mail)을 사용할 때의 네티켓

① 메시지는 가능한한 짧게 요점만 작성한다.

② 메일을 보내기 전에 주소가 올바른지 다시 한 번 확인한다.

③ 제목은 메시지 내용을 함축해 간략하게 써야 한다.

④ 가능한한 메시지 끝에 Signature(성명, 직위, 단체명, 메일주소, 전화번호 등)을 포함시키되, 너무 길지 않도록 한다.

⑤ 메일상에서 타인에 대해 말할 때는 정중함을 지켜야 한다. 메일은 쉽게 전파될 수 있기 때문이다.

⑥ 타인에게 피해를 주는 언어(비방이나 욕설)는 쓰지 않는다.

(2) 온라인 대화(채팅)를 할 때의 네티켓

① 마주보고 이야기하는 마음가짐으로 임한다.

② 대화방에 들어가면 지금까지 진행된 대화의 내용과 분위기를 경청한다.

③ 엔터키를 치기 전에 한 번 더 생각한다.

④ 광고, 홍보 등을 목적으로 악용하지 않는다.

⑤ 유언비어, 속어와 욕설 게재는 삼가고, 상호 비방의 내용은 금한다.

(3) 게시판을 사용할 때의 네티켓

① 글의 내용은 간결하게 요점만 작성한다.

② 제목에는 글의 내용을 파악할 수 있는 함축된 단어를 쓴다.

③ 글을 쓰기 전에 이미 같은 내용의 글이 없는지 확인한다.

④ 글의 내용 중에 잘못된 점이 있으면 빨리 수정하거나 삭제한다.

⑤ 게시판의 주제와 관련 없는 내용은 올리지 않는다.

(4) 공개 자료실에서의 네티켓

① 음란물을 올리지 않는다.

② 상업용 소프트웨어를 올리지 않는다.

③ 공개 자료실에 등록한 자료는 가급적 압축한다.

④ 프로그램을 올릴 때에는 사전에 바이러스 감염 여부를 점검한다.

⑤ 유익한 자료를 받았을 때에는 올린 사람에게 감사의 편지를 보낸다.

(5) 인터넷 게임을 할 때의 네티켓

① 상대방에게 항상 경어를 사용한다.

② 인터넷 게임에 너무 집착하지 않는다.

③ 온라인 게임은 온라인상의 오락으로 끝나야 한다.

④ 게임 중에 일방적으로 퇴장하는 것은 무례한 일이다.

⑤ 매일 본다고 상대를 존중하는 것을 잊어서는 안 된다.

⑥ 게이머도 일종의 스포츠맨이므로 스포츠맨십을 가져야 한다.

⑦ 이겼을 때는 상대를 위로하고 졌을 때는 깨끗하게 물러서야 한다.

사 례

인터넷 게임에서의 네티켓 결여

직장인 A씨는 바쁜 업무 관계로 인터넷을 자주 활용하지는 못하는 편이다. 오랜만에 맞은 휴일날 A씨는 온라인 인터넷 게임을 즐기고 있었다. 그런데 상대방이 계속 말을 걸어오는 것이 아닌가? 그런데 A씨가 계속 게임에서 이기자, 상대방이 온갖 입에 담지 못할 욕을 하였다. A씨는 '아무리 얼굴도 안 보이고 이름도 모르는 사이지만 요즈음 네티켓이 없는 사람이 너무 많은 것은 큰 문제'라고 말했다.

A과장의 수난

안녕하세요? 저는 ○○은행 ○○지점을 오랫동안 애용해 온 주부입니다. 얼마 전에 예금을 출금하기 위해 ○○지점을 찾았습니다. 이름은 모르겠는데, 작은 키에 마르고 안경을 쓰고 있던 과장이 직원들에게 호통을 치고 있었습니다. 직원들에게 모욕적인 언사를 하면서 소리를 지르는데 제가 너무 민망했습니다. 나이도 어려보이던데 어떻게 그렇게 직원들을 대놓고 무시하는지 정말 한심합니다.

위 내용은 실명을 밝히지 않은 주부라는 고객이 ○○은행의 자유게시판에 올린 글의 내용이다. 비록 실명이 나타나지는 않았지만, ○○은행 자유게시판을 본 많은 사람들은 A과장의 이야기인줄 한 번에 알아봤고, A과장은 그 뒤로 사람들의 비난과 수군거림에 시달렸다.

2. 정보관리

1) 정보관리의 필요성

정보의 관리란 수집된 다양한 형태의 정보(보통 생정보)를 어떤 문제해결이나 결론도출에 사용하기 쉬운 형태로 바꾸는 일이다. 정보의 홍수시대를 살아가고 있는 우리들에게 정보관리는 중요하다. 그렇다면 정보관리력을 갖기 위해서는 어떠한 노력을 해야 하는가?

'구슬이 서말이라도 꿰어야 보배'라는 속담이 있다. 여러 가지 채널과 갖은 노력 끝에 입수한 정보가 우리가 필요한 시점에 즉시 활용되기 위해서는 모든 정보가 차곡차곡 정리되어 있어야 한다. 정보를 관리할 때에는 특히 다음의 세 가지를 고려하여야 한다(정보능력학습자용 워크북).

[정보관리의 3원칙]
- 목적성: 사용목적을 명확히 설명해야 한다.
- 용이성: 쉽게 작업할 수 있어야 한다.
- 유용성: 즉시 사용할 수 있어야 한다.

2) 정보관리 방법

한 주제나 문제상황에 대하여 필요한 정보를 찾아 활용하고 나면 다시 그 정보를 이용할 경우가 없는 경우도 있겠지만, 대부분 같은 정보를 다시 이용할 필요가 발생하게 된다. 특히 직장인처럼 특정 업무 분야가 정해져 있다면 특정 주제 분야의 정보를 지속적으로 이용하게 될 것이다. 따라서 한 번 이용했던 정보를 이용한 후에 버리는 것이 아니라, 정보관리를 잘 하는 것은 정보활용의 중요한 과정에 속한다.

국가능력직무표준 NCS에서 제시한 정보관리 사례를 보면 다음과 같다.

① 목록을 이용한 정보관리: 정보에서 중요한 항목을 찾아 기술한 후 정리
② 색인을 이용한 정보관리: 주요 키워드나 주제어를 가지고 소장하고 있는 정보원(Sources)을 관리

색인어	+	위치정보	=	색인

③ 분류를 이용한 정보관리: 정보를 유사한 것끼리 모아 체계적으로 정리

기준	내용	예
시간적 기준	정보의 발생 시간별로 분류	2015년 가을, 7월 등
주제적 기준	정보의 내용에 따라 분류	정보사회, 대학교
기능적/용도별 기준	정보가 이용되는 용도에 따라 분류	참고자료용, 강의용, 보고서 작성용 등
유형적 기준	정보의 유형에 따라 분류	도서, 비디오, CD, 한글파일, 파워포인트 파일 등

정보화 사회에서 필수적으로 해야 할 일 중 하나는 정보관리이다. 인터넷에서 어렵게 검색하여 찾아낸 결과를 관리하지 못하여 머리속에만 입력하고 컴퓨터를 끄면 잊어버리는 것은 정보관리를 못하는 것이다. 자기가 검색한 내용에 대하여 파일로 만들어 보관하든, 프린터로 출력하여 인쇄물로 보관하든 언제든지 필요할 때 다시 볼 수 있을 정도가 되어야 한다.

특히 최근에는 지식과 정보의 양이 증대되면서 컴퓨터를 사용한 정보관리가 보편화되어 가고 있다. 정보관리를 위하여 컴퓨터를 효과적으로 활용하기 위해서는 하드웨어뿐만 아니라 정교한 소프트웨어가 필요하고, 생활의 편리와 업무의 효율성을 추구하는 정보화 사회를 구현하기 위해서는 컴퓨터 프로그래밍에 관한 전문적인 지식과 기술을 보유한 인력이 요구된다.

이에 따라 정보처리 업무의 효율성을 높이고, 각 조직에 가장 적합한 시스템을 설치 운영하기 위한 컴퓨터에 관한 전문적인 지식과 기술을 갖춘 전문기능인력을 양성하기 위해 정보관리기술사 자격제도가 제정되었다. 정보관리기술사는 정보관리에 관한 고도의 전문지식을 가지고 풍부한 실무경험에 입각하여 계획, 연구, 설계, 분석, 시험, 운영, 시공, 감리, 평가, 진단, 사업관리, 기술판단, 기술중재 등의 직무를 수행하며, 기술자문과 기술지도 업무를 수행한다. 기술사와 같은 전문기술인력은 해당 분야의 전문지식을 바탕으로 엔지니어링 및 관련기술서비스업, 기술시험, 검사 및 분석관련 업무 등으로 진출이 가능하다(정보관리 기술사, 자격증 사전).

사 례

정보관리는 개인에게는 정보화 시대에 필요한 덕목임과 동시에 각 분야별 정보관리체계는 고부가가치 산업으로 각광받고 있다. 다음의 사례는 국내의 우수한 정보관리시스템을 해외로 수출하게 된 사례이다.

금융정보 관리시스템 수출

국내 금융정보 관리시스템이 '수출 상품'이 됐다. 금융위원회는 지난 5~8일 미국 캘리포니아주 샌디에이고에서 열린 제19차 아시아·태평양 자금세탁방지기구(APG) 총회 결과, 금융위 산하 금융정보분석원(FIU)이 사용하는 정보시스템을 몽골과 라오스 측에 기술지원하기로 사전 양해각서(MOU)를 체결했다고 밝혔다.

이 외 금융위는 캄보디아 중앙은행과도 향후 금융정보분석원 정보시스템 구축 지원 논의를 시작하기로 했다. 이번 일을 발판삼아 다른 국가에도 정보시스템 수출을 추진한다. 금융감독원은 앞으로 미국 호주와 협력해 국내 FIU 정보시스템을 업그레이드하고, 노하우를 공유하도록 하겠다고 발표했다.

APG는 아태 지역의 자금세탁방지 및 테러자금조달금지 국제기준 이행을 위해 만들어진 기구다. 1997년 설립된 뒤 미국, 일본, 중국, 호주 등 41개국이 회원으로 가입해 있다. 설립 다음해인 98년 3월에 가입한 한국은 이번 총회에서 중국, 일본, 몽골, 대만, 홍콩, 마카오 등 북아시아 7개국 대표를 4년째 연임하기로 결정됐다.

(출처: 국민일보, 2016. 9. 11.)

분당서울대병원 정보시스템, 미국에도 수출

분당서울대병원이 '한국형 병원 정보시스템'을 사우디아라비아에 이어 미국 시장에도 수출하는 데 성공했다. 분당서울대병원, 이지케어텍, SK텔레콤이 맺은 컨소시엄은 미국 캘리포니아에 본사를 둔 정신과 전문 오로라(Aurora)병원 그룹과 차세대 병원 정보시스템 'BESTCare 2.0'을 구축해주는 계약을 맺었다고 26일 밝혔다. 계약 규모는 230억 원이다. 오로라병원 그룹은 캘리포니아·텍사스·애리조나·시카고 등 미국 주요 지역 내 14개 병원에 1,400개 병상을 운영하는 정신과 전문병원 그룹이다.

분당서울대병원은 이 시스템을 갖추면 의료진이 환자와 관련한 모든 의료 정보를 한 화면에서 확인할 수 있고, 의료기관 곳곳에 흩어진 정보를 높은 보안 수준으로 안전하게 관리할 수 있다고 설명했다. 환자도 입원실에서 자신에게 처방된 투약 정보, 과거 진료 사례, 개인 건강 정보 등을 확인할 수 있다.

앞서 컨소시엄은 2014년 이 병원 정보 시스템을 사우디 국가방위군 소속 6개 병원에 700억 원에 수출했다. 이후 지난 9월엔 미국 시장에 수출하기 위해 미 연방 정부 인증기준(ONC-HIT)을 세계 최초(미국 기업 제외)로 통과했다. 전상훈 분당서울대병원장은 "(이번 계약 성사는) 의료와 IT가 융합된 고부가가치 산업으로 가장 경쟁이 치열하고 진입장벽이 높은 미국 시장에 진출했다는 점에서 의미가 있다"고 말했다.

(출처: 조선일보, 2016. 12. 27.)

활동

1. 업무를 수행함에 있어서 정보관리 방법에는 여러 가지가 있다. 정보를 디지털 파일로 정리하여 관리하는 경우와 색인카드를 이용하여 관리하는 경우의 장·단점에 대한 각자의 생각을 정리해보자.

3. 정보보안

개인정보란 생존하는 개인에 관한 정보로서 정보에 포함되어 있는 성명, 주민등록번호 등의 사항에 의하여 개인을 식별할 수 있는 정보를 말한다. 또한 해당 정보만으로는 특정 개인을 식별할 수 없더라도 다른 정보와 용이하게 결합하여 식별할 수 있는 것들도 모두 포함하여 개인정보라고 한다.

1) 개인정보의 정의

최근에는 여러 가지 방법을 동원하여 개인정보를 수집하고 분석하는 마케팅 기술이 개발되고 있는 실정이므로, 앞으로는 개인정보의 침해를 프라이버시 침해라는 관점에서보다는 일종의 재산보호 차원에서 다루고 있는 추세이다. 다양한 분야에서 사용할 수 있는 개인정보에는 다음과 같은 것들이 있다.

분류	내용
일반정보	이름, 주민등록번호, 운전면허정보, 주소, 생년월일, 출생지, 본적지, 성별, 국적 등
가족정보	가족의 이름, 직업, 생년월일, 주민등록번호, 출생지 등
교육 및 훈련정보	최종학력, 성적, 기술자격증/ 전문면허증, 이수훈련 프로그램, 서클 활동, 상벌사항, 성격/행태보고 등
병역정보	군번 및 계급, 제대유형, 주특기, 근무부대 등
부동산 및 부동산정보	소유주택 및 토지, 자동차, 저축현황, 현금카드, 주식 및 채권, 수집품, 고가의 예술품, 보석 등
소득정보	연봉, 소득의 원천, 소득세 지불 현황 등
기타 수익정보	보험가입현황, 수입자, 소득세 지불 현황 등
신용정보	대부상황, 저당, 신용카드, 담보설정 여부 등
고용정보	고용주, 회사주소, 상관의 이름, 직무수행 평가기록, 훈련기록, 상벌기록 등
법적정보	전과기록, 구속기록, 이혼기록 등
의료정보	가족병력기록, 과거 의료기록, 신체장애, 혈액형 등
조직정보	노조가입, 정당가입, 클럽회원, 종교단체 활동 등
습관 및 취미정보	흡연/음주량, 여가활동, 도박성향, 비디오 대여기록 등

출처: 정보능력 학습자모듈.

다양한 개인정보는 우리가 모르는 사이에 개인정보 무단수집 등의 형태로 남용되고 있다. 다음은 2014년부터 2015년까지 개인정보침해에 대한 횟수와 유형을 나타낸 그래프이다. 개인정보를 기입하거나 제공해야 할 때에도 개인정보에 대한 용어를 바르게 알고 자신의 정보가 어떻게 쓰이는지, 남용될 우려는 없는지 살펴보아야 한다.

개인정보 침해 횟수에 대해 '4회 이상'의 비율은 '개인정보 무단수집'이 57.5%로 가장 높게 나타났으며, 다음으로 '제3자에게 제공'(48.9%), '과도한 개인정보 수집'(38.0%) 등의 순으로 높게 나타났으며, 모두 전년대비 높아진 것으로 나타났다.

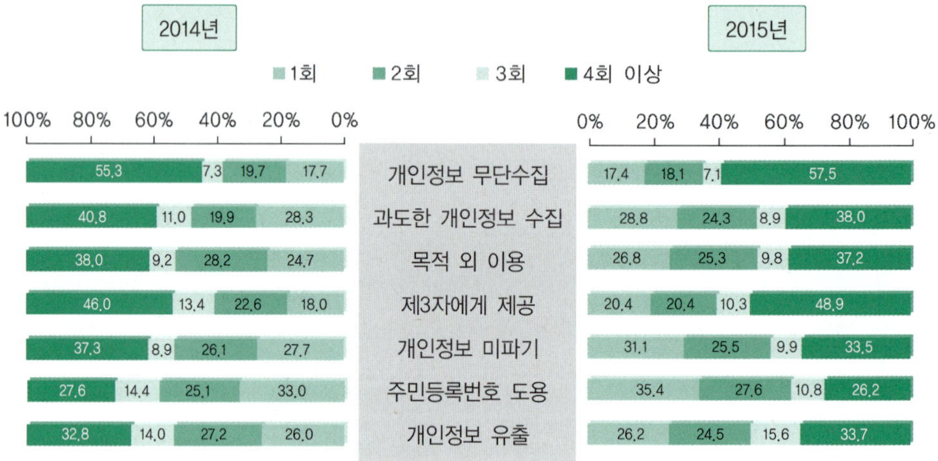

[2014~2015년간 개인정보 침해 횟수]

1년간 개인정보 침해 유형(4회 이상)으로 '개인정보 무단수집'은 '10대'(63.9%), '제3자에게 제공'은 '30대'(57.5%), '과도한 개인정보 수집'은 '30대'(44.9%)에서 상대적으로 높게 나타났다.

[2014~2015년간 개인정보 침해 횟수]

구분		개인정보 무단수집	과도한 개인정보 수집	목적 외 이용	제3자에게 제공	개인정보 미파기	주민등록 번호 도용	개인정보 유출
전체		57.5	38.0	37.2	48.9	33.5	26.2	33.7
성별	남성	58.5	37.0	39.6	51.2	35.7	27.4	35.8
	여성	56.5	38.9	34.9	46.8	31.6	25.0	31.8
연령	10대	63.9	30.1	37.3	40.3	32.5	31.5	40.5
	20대	60.3	43.6	42.9	52.0	48.6	31.6	37.9
	30대	58.8	44.9	39.6	57.5	41.0	23.2	36.8
	40대	61.3	31.3	42.1	44.9	24.4	22.9	29.1
	50대	47.9	33.6	28.3	50.3	29.8	26.2	34.2
	60대 이상	52.8	41.9	31.4	43.8	26.3	26.2	24.3

2) 개인정보 관련 용어정리

개인정보	살아 있는 개인에 관한 정보로서 성명, 주민등록번호 및 영상 등을 통하여 개인을 알아볼 수 있는 정보(해당 정보만으로는 특정 개인을 알아볼 수 없더라도 다른 정보와 쉽게 결합하여 알아볼 수 있는 것을 포함) *예시) 성명, 주민등록번호, 전화번호, 주소, 이메일, 사진, CCTV 개인영상 정보, 학력, 근무경력 등
개인정보 처리자	업무를 목적으로 개인정보파일을 운용하기 위하여 스스로 또는 다른 사람을 통하여 개인정보를 처리하는 공공기관, 법인, 단체 및 개인 등
정보주체	처리되는 정보에 의하여 알아볼 수 있는 사람으로서 그 정보의 주체가 되는 사람
제3자 제공	개인정보처리자가 제3자(다른 사업자, 기관, 단체, 개인)의 업무나 이익을 위해 자신이 보유한 개인정보를 제3자에게 제공하는 행위 *예시) 신용카드 회사에서 자사 고객의 이름과 전화번호 등을 제휴 보험회사에 제공하는 행위
개인정보처리 위탁	개인정보처리자의 업무처리를 대행하도록 제3자에게 보유한 개인정보를 제공 하는 행위 *예시) 기업의 텔레마케팅 업무를 대행하도록 기업의 고객 개인정보를 수탁자에게 제공하는 행위
고유식별정보	개인을 고유하게 구별하기 위하여 부여된 식별정보로서 주민등록번호, 여권번호, 운전면허번호, 외국인등록번호 등이 있음

민감정보	사상·신념, 노동조합·정당의 가입·탈퇴, 정치적 견해, 건강, 성생활 등에 관한 정보, 그 밖에 정보주체의 사생활을 현저히 침해할 우려가 있는 개인정보 *예시) 정치적 성향, 정당 및 노조가입, 장애 및 의료정보, 전과, 범죄경력, 종교
바이오 정보	지문·홍채·정맥·음성 등 개인을 식별할 수 있는 신체적 또는 행동적 특징에 관한 정보
개인정보 침해	동의 없는 개인정보 수집·이용, 제3자 제공, 유출·노출 등을 통해 정보주체가 자기 정보가 언제 누구에게 어느 범위까지 알려지고 이용되는지 결정할 수 있는 권리를 침해하는 행위
개인정보 분쟁조정	양 당사자의 합의에 기초한 소송외적인 피해구제 절차. 분쟁조정위원회는 침해 행위 중지, 원상회복, 손해배상, 재발방지 대책 등이 포함된 조정안을 제시할 수 있으며, 당사자가 조정안을 수락하는 경우 재판상 화해 효력 발생
개인정보 처리방침	개인정보처리자는 해당 업체(기관)의 개인정보 처리와 관련된 주요 사항(처리 목적, 보유기간, 제3자 제공, 위탁, 파기, 안전한 관리, 정보주체 권리보장 등)을 개인정보 처리방침을 통해 공개해야 함
개인정보 영향평가	개인정보파일의 운용으로 인하여 정보주체의 개인정보 침해가 우려되는 경우 그 위험요인의 분석과 개선사항을 도출하기 위한 평가. 공공기관은 도입이 의무화되어 있으며, 민간사업자는 선택적으로 활용할 수 있음

출처: 한국인터넷진흥원, 2015 개인정보 실태조사 최종 보고서.

3) 개인정보보호의 10가지 원칙

한국인터넷진흥원에서는 개인정보 2.0 시대의 개막에 맞춰 사업자가 실천해야 할 사업자 개인정보보호 10가지 원칙을 안내하고 있는데, 그 내용은 다음과 같다.

① 무분별한 개인정보 수집자제
② 개인정보 수집 시 서비스 제공에 꼭 필요한 필수정보와 선택정보 구분
③ 주민등록번호 등 고유식별정보와 종교, 건강정보 등 민감정보는 원칙적 처리 금지
④ 홍보·판매 목적으로 개인정보 위탁 시 고객에게 고지하고 철저히 관리
⑤ 개인정보파일은 DB보안프로그램, 암호화 소프트웨어 등 안전한 방법을 사용

하여 보관

⑥ 보관이 필요한 증빙서류는 법령에서 정한 보유기간 숙지하여 준수

⑦ 개인정보파일을 수집 당시 사용목적에 따라 이용한 후에는 알아볼 수 없도록 파기

⑧ CCTV에는 반드시 안내판 설치

⑨ 개인정보보호에 관한 지침·문서 등을 반드시 구비

⑩ 개인정보유출통지, 집단분쟁조정, 단체소송에 대비

사례

N사의 개인정보 유출

N사는 자사 회원인 G씨의 개인정보를 G씨의 동의 없이 유관회사인 S사에 제공하였으며, S사는 G씨에게 광고성 이메일을 수차례 발송하였다. G씨는 S사에 개인정보를 얻은 경위를 확인한 결과, N사로부터 유출된 것임을 알고 법원에 손해배상을 청구했다. 법원은 G씨의 사생활 비밀과 자유를 침해했고 정신적 고통을 주었다며 N사와 S사에 손해배상을 판결하였으며, 정보통신부는 N사를 고발하고, S사는 과태료 부과를 부과했다.

주민등록번호 유출

D사이트에 가입하려던 M모군은 누군가가 이미 자신의 주민등록번호로 회원에 가입하였기 때문에 해당 사이트를 이용할 수 없음을 알았다. 이에 사이트 운영자에게 사실을 확인한 결과, 회원 추천 시 제공하는 마일리지를 받기 위해 주위 사람이 도용한 것임이 밝혀졌다.
M군은 복잡한 본인 확인과정을 거쳐 도용한 사람의 ID 등을 삭제하고 서비스에 가입할 수 있었다.

'N사의 개인정보 유출' 사례 및 '주민등록번호 유출' 사례를 읽고 다음의 질문에 답해보도록 하자.

활동

1. 당신의 경우도 자신도 모르는 사이에 개인정보가 정당하지 못한 방법으로 유출된 경우를 겪은 적이 있는가? 당신에게 있어 중요한 개인정보라고 생각되는 것들을 적어보도록 하자.

❍

❍

❍

❍

2. 중요한 개인정보를 보호하기 위한 방법에는 어떠한 것들이 있을지 각자의 생각을 적어보도록 하자.

❍

❍

❍

❍

❍

❍

학습 평가

01 괄호 안에 알맞은 말을 쓰시오.

> (   )란 생존하는 개인에 관한 정보로서 정보에 포함되어 있는 성명, 주민등록번호 등의 사항에 의하여 개인을 식별할 수 있는 정보를 말한다. 또한 해당 정보만으로는 특정 개인을 식별할 수 없더라도 다른 정보와 용이하게 결합하여 식별할 수 있는 것들도 모두 포함함을 말한다.

02 다음 중 정보의 종류가 다른 하나는?

① 이름
② 주민등록번호
③ 운전면허정보
④ 주소
⑤ 주식 및 채권

03 개인정보보호의 원칙 10가지 중 3가지 이상을 쓰시오.

①
②
③
④
⑤

Memo

C·H·A·P·T·E·R

03 인터넷 서비스 활용하기

학습목표

정보화 시대에 필요한 직장생활에서 업무수행을 위한 관련 컴퓨터 지식과 기본정보를 이해하고, 업무수행을 위한 인터넷 관련 서비스를 활용하는 능력을 함양할 수 있다.

세부목표

1. 다양한 인터넷 서비스 종류를 설명할 수 있다.
2. 인터넷 관련 주요 서비스를 활용할 수 있다.
3. 인터넷 관련 주요 용어를 설명할 수 있다.
4. 인터넷을 활용하여 원하는 정보를 획득할 수 있다.

주요용어

인터넷 서비스 | 클라우드 서비스 | 메신저 | 전자상거래 | 정보검색

정보화 시대에 살고 있는 현대인들은 컴퓨터가 생활 속에 자리잡으면서 전 세계의 컴퓨터를 서로 연결해주는 네트워크인 인터넷(internet)을 통해 전자우편, 파일전송, 전자상거래 서비스 등을 이용하고 있다. 스마트폰이나 태블릿 PC의 등장으로 지금은 시간과 장소에 구애받지 않고 정보전달이 가능하다.

1. 인터넷

1) 인터넷의 개념

컴퓨터로 연결하여 TCP/IP(Transmission Control Protocol/Internet Protocol)라는 통신 프로토콜을 이용해 정보를 주고받는 개방형 컴퓨터 네트워크이다.

2) 인터넷 서비스의 종류

월드와이드웹(www)은 인터넷상에서 HTTP 프로토콜, 하이퍼텍스트, HTML 형식 등을 사용하여, 그림, 동영상, 소리 등의 멀티미디어를 교환하는 전송방식

인터넷 서비스로는 파일전송(FTP), 원격접속(TELNET), 전자우편(E-MAIL), 메신저(MESSANGER) 서비스 등이 있다.

3) 인터넷 동작원리

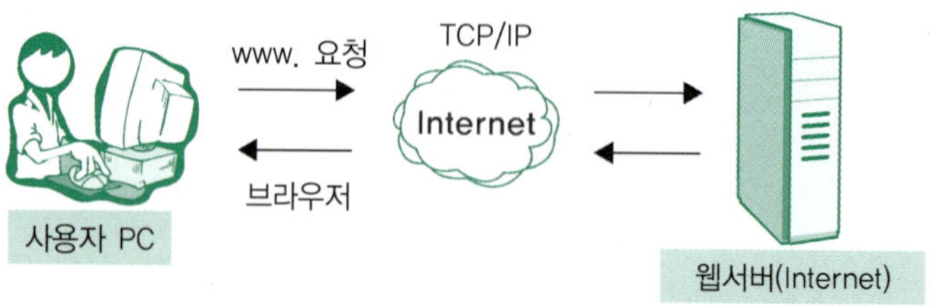

4) 무선인터넷

무선인터넷(Wireless Internet)은 유선인터넷기능이 스마트폰, 태블릿 PC 등 무선단말기에서 Wifi, 3G, LTE와 WIBRO 같은 4G(4th Generation) 무선네트워크를 이용하여 이루어지는 인터넷 서비스를 말한다. 고정된 자리에 국한되지 않고, 이동하면서 자유롭게 인터넷 서비스를 이용할 수 있는 특징이 있다.

2. 전자우편 서비스

1) 전자우편 서비스 정의 및 종류

전자우편(E-mail) 서비스는 네트워크라는 정보통신망을 이용하여 다른 사람과 텍스트나 그림, 동영상 등 다양한 형식의 데이터를 주고받을 수 있는 온라인상의 통신 서비스이다

- 정보통신망을 이용하여 서비스가 이루어지므로, 빠르고 정확하다는 장점이 있다.
- 한 사람이 동시에 여러 명에게 동일한 전자우편을 보낼 수 있다
- 수신자가 인터넷에 접속되어 있지 않더라도 메일이 발송되고, 수신자가 향후 인터넷에 접속하여 메일을 확인할 수 있다.

(1) @메일

다음(daum)이나 네이버(naver), 구글(google) 등의 웹사이트에 회원으로 가입하면 무료계정이 만들어져 누구나 무료로 전자우편 서비스를 이용할 수 있다. 계정은 '아이디(ID) @ 도메인(DOMAIN)'으로 구성된다. 아이디는 사용자가 웹사이트의 회원 가입 시 만든 이름으로, 웹사이트에서는 아이디로 활동하게 된다. 도메인은 해당 웹사이트의 도메인으로 메일서버의 도메인 이름을 나타낸다. 사용자가 구글 웹사이트에 guest라는 아이디(ID)를 만들어 회원가입을 하면, 즉각적으로 [guest@google.com] 이라는 인터넷 전자우편 주소로 타인과 전자우편을 주고받는 것이다. 회사나

기관에서는 회사나 기관의 도메인을 만들어서 전자우편을 이용할 수도 있다.

@메일 전자우편 서비스는 인터넷 사용자의 87%가 사용하고 있다. 사용자 간의 의사소통과 정보 파일전송, 각종 청구서의 전달에 편리하게 사용되고 있다. 그러나 원치 않는 광고 홍보성 스팸메일과 해킹을 통해 정보가 유출되는 경로로 악용되는 단점이 있다.

(2) #메일

@메일의 단점을 보완하기 위해 공인전자 우편주소인 샵(#)메일이 있다. 샵메일은 공인인증서나 핸드폰 본인인증 서비스를 통해서 가입하여, 안전성과 신뢰성을 보장하는 공인전자 우편주소로 전자정보통신산업진흥원(NIPA)에서 메일을 등록 및 관리하고 유료와 무료 서비스로 나누어진다. 계정은 '아이디(ID) # 도메인(DOMAIN)'으로 구성된다. 아이디는 개인이나 국가기관, 법인, 단체, 개인사업자도 #메일주소를 가질 수 있다([홍길동#google], [정보서비스팀#정보통신산업진흥원]).

샵메일은 한글주소를 사용하므로 기억하기 쉽고 정확하고 안전하다는 장점이 있지만, 우리가 주로 사용하는 @메일과 호환되지 않는 단점이 있다. 2012년 지식경제부가 「전자거래기본법」을 개정한 후 만든 것으로, 정부 및 공공기관을 중심으로 확산되어가고 있다.

사례

인터넷 서비스가 발전하면서 업무를 인터넷으로 처리하는 비중이 커지고 있다. 직장으로 이동하는 차안에서 이메일을 보내기도 하고 캘린더에 일정을 확인하고 오후에 있을 회의 자료를 작성한다. 업무에 바쁜 현대인들이 공공기관에 직접 방문하지 않고도 문서를 발급 받기까지 폭넓게 활용되고 있다. 급속도로 발전하고 있는 인터넷 서비스를 활용하여 회사 내 업무와 일상생활까지 빠르고 편리해지고 있다.

문체부, 관광불편신고 사이트 개설…처리상황 실시간 확인 가능

문화체육관광부와 한국관광공사는 외국 관광객이 국내 여행 중에 불편한 점을 인터넷과 휴대폰으로 신고하고 처리 상황을 확인할 수 있는 관광불편신고 사이트를 7일 개설했다.

관광불편신고 사이트는 반응형 웹으로 구축, 인터넷뿐만 아니라 휴대폰(모바일)으로도 이용할 수 있다. 다운로드 100만 건이 넘는 비지트코리아앱에도 탑재해 이용자 접근성을 개선했다. 불편 신고를 하고 나서 관광불편신고 사이트에서 처리상황을 실시간 확인할 수 있고 처리 단계별 상황을 알려주는 전자우편 발송 서비스도 제공된다. 또 신고자가 처리 결과를 평가하고 불편을 해소한 담당자는 우수사례로 선정해 인센티브를 제공하는 등 서비스 품질을 개선한다.

문체부 관계자는 “외국관광객이 우리나라를 많이 방문하는 것 못지않게 불편을 신속하고 친절하게 해소해 재방문율을 높이는 것도 중요하다”면서 “관광불편신고 사이트의 해외 홍보와 서비스 품질 관리에 더욱 관심을 쏟겠다.”라고 밝혔다.

(출처: 전자신문. 2016. 11. 7.)

#메일-등기 우편 이메일(Registered Email)

인터넷의 대중화와 함께 이메일을 사용하는 사람들이 기하급수적으로 늘어나고 있지만, 중요한 문서나 여전히 서류는 택배나 등기우편 등으로 전달한다. 아직까지 이메일은 제대로 도착했는지 확인하기도 어렵고, 도착했더라도 언제 들어갔는지도 모르고, 첨부된 문서의 변조되거나 분실될 위험도 있어서 비즈니스나 법적인 문서로 활용하기에는 부족함이 많기 때문이다.

이런 불편함에서 착안해서 등장한 것이 바로 ‘등기 이메일(Registered Email)’이다. ‘등기 이메일’이란 이메일을 발송한 사실을 제3자가 증명해주는 것으로, 이메일을 주고받는 과정에서 생겨날 수 있는 법적인 문제를 해결해준다. 등기 이메일을 이용하려면 등기 이메일 서비스를 제공하는 업체에 신청하면 된다. 서비스 제공업체는 등기배달을 신청한 이메일에 배달증명서와 전자지문(digital finger print)을 부착해 상대편에 전달해준다. 따라서 이메일의 위조나 변조를 막을 뿐 아니라 차후 법적인 문제가 발생할 경우 판단 근거로 이용될 수 있다.

(출처: 디지털 타임스. 2000. 4. 23.)

활동

1. 본인이 사용하고 있는 인터넷 서비스에 체크를 해보자.

서비스	체크
전자우편 서비스	
웹디스크	
메신저	
전자상거래	
구글 캘린더	
정보검색	

2. 네이버나 구글에 회원가입을 통해 메일계정을 만들어 보자.

- 환경설정에서 학교, 회사 등 그룹별로 메일함 분류를 해보고, 주소록 만들기, 서명을 설정한다. 메일서비스를 이용하여 [PC]-[사진]을 압축파일로 첨부하여 보내고 받은 파일의 압축을 풀어본다.
- 압축 프로그램: 다량의 파일을 전송하는 경우 데이터 용량이 커져 전송되는 시간이 많이 소요되고 여러 번 첨부해야 하는 어려움이 있다. 압축 프로그램은 비손실 압축을 사용하여 데이터의 내용을 손상시키지 않은 상태로 용량을 줄여 저장하기 때문에 압축한 파일은 시스템에서 전송속도가 빠르게 실행된다.

3. 구글 캘린더에서 일정등록을 하고 스마트폰 캘린더에서 동기화해 보자.

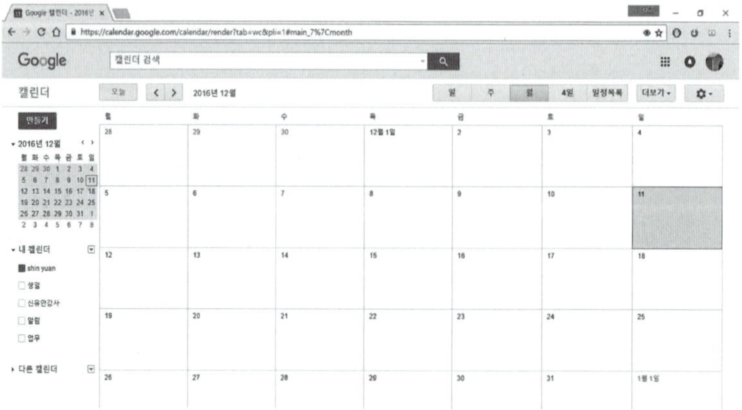

3. 클라우드 서비스

1) 클라우드 서비스의 정의

클라우드(Cloud, 구름)는 인터넷 기반이라는 의미이고, 컴퓨팅(Computing)은 컴퓨터 기술을 사용한다는 의미로, 웹서버의 저장장소에 파일을 저장 또는 다운로드가 용이하여 데이터백업 등 파일공유 등 다양하고 편리한 기능을 컴퓨터나 휴대폰 등에서 사용하는 웹에 기반한 소프트웨어 서비스이다.

클라우드를 통해 시간과 장소의 제약 없이 '언제', '어디서나', '다양한 방법으로', '효과적인' 업무처리가 가능한 스마트 오피스이다. 유비쿼터스(Ubiquitous)란 "어디에나 있음"을 의미한다. 시간과 장소에 구애받지 않고 언제나 정보통신망에 접속하여 다양한 정보통신 서비스를 활용할 수 있는 환경을 의미한다. 사용자가 네트워크나 컴퓨터를 의식하지 않고, 장소에 상관없이 자유롭게 네트워크에 접속할 수 있는 정보통신 환경이다.

인터넷 기반의 스토리지로 인터넷디스크, 웹디스크, 웹하드, 파일박스, 클라우드 서비스 모두 같은 서비스를 뜻하는 용어이다. 비용지출이 적으며 휴대성이 높고, PC에 자료를 보관할 경우 하드디스크 장애 등으로 인하여 자료가 손실될 수도 있지만 ,클라우드 컴퓨팅 환경에서는 외부 서버에 자료들이 저장되기 때문에 안전하게 자료를 보관할 수 있고, 저장공간의 제약도 극복할 수 있으며, 언제 어디서든 자신이 작업한 문서 등을 열람·수정할 수 있는 장점이 있다. 하지만 서버가 해킹당할 경우 개인정보가 유출될 수 있고, 서버 장애가 발생하면 미리 백업하지 않은 정보는 되살리지 못하고 자료 이용이 불가능하다는 단점도 있다.

2) 클라우드 서비스 종류

개인·단체·기업 등 많은 사람들이 사용하고 용량·속도, 서비스 방식 등에 따라 유료와 무료로 나누어진다. 대표적인 소프트웨어로는 웹하드, 네이버 클라우드, 구글 드라이브, 드롭박스, ICLOUD 등이 있다. 해당 소프트웨어는 별도의 프로그램 설치 없이 인터넷에서 즉시 사용 가능하기도 하고, 해당 프로그램을 다운로드 받은 후 컴퓨터에 설치하면 사용 가능하다. 이는 실시간 동기화로 파일이 공유된다.

[클라우드 서비스 종류]

일정 용량의 저장 공간에 자유롭고 편리한 파일 공유·전송·저장, 파일 및 폴더의 열람 및 편집, 저장, 파일 전달 기능을 활용한 팀·부서 간의 공동업무 수행, 안전한 데이터 백업 및 복구, 전 세계 어디서나 이용 가능한 서비스, 대용량 자료의 빠르고 정확한 전달이 가능하다. 이 외에도 클라우드 화상회의, 클라우드 스캔, 클라우드 백업 등 다양하고 편리한 기능을 제공한다.

3) 클라우드 서비스 개념도

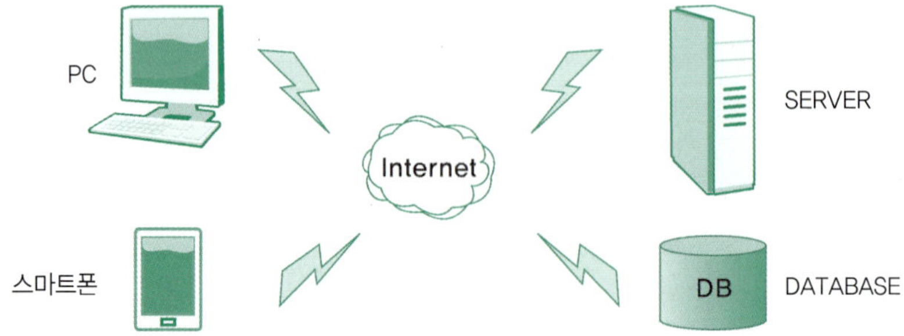

사례

회사원 K과장은 오늘 거래처에 제안서를 발표하는 일정이 있다. 시간에 쫓겨 발표자료를 작성하고 팀원들과 협의가 이루어지지 않은 채 미완성 상태로 인터넷에 접속하여 업로드하였다. 발표시간에 맞추어 거래처로 이동하면서 지하철 안에서 스마트폰으로 웹하드에 접속하여 자료를 다운로드 받았다. 팀장님도 동시에 K과장이 업로드한 발표 자료에 피드백을 달아주었다. K과장은 피드백을 받아 이동 중에 발표자료를 수정하였다.
클라우드 서비스의 파일 전달 기능을 활용한 팀 · 부서 간의 공동업무를 활용하고 있다.

클라우드, 업무 효율성 높이는 '비밀 무기'로 진화

직장인 김규환 씨(32)는 회사에 출근하면 사내 클라우드에 접속해 전날 동료가 편집하던 문서의 진행 상황을 확인한 후 마무리한다. 오후에는 다양한 지역에 있는 고객과의 미팅을 위해 외근을 나선다. 외근 중, 급하게 사내 회의에 참석해야 할 때는 클라우드 화상 회의를 활용한다. 외근 후, 사무실에 돌아오면 고객들에게 받은 계약서를 정리한다. 예전에 사내 담당자에게 계약서를 전달할 때는 각 계약서별로 전자문서 형식과 이름을 지정한 뒤 스캔하고, 담당자 이름과 메일주소를 일일이 확인해서 파일을 송신해야 했다. 하지만 이제는 클라우드 스캔 서비스를 통해 계약서, 발주서 등 문서 종류를 선택하고 스캔 버튼을 누르기만 하면 미리 지정된 사내 담당자 클라우드 폴더에 자동 저장된다.
(출처: 위키트리, 2016. 8. 2.)

활동

1. 클라우드 서비스를 이용하여 내 컴퓨터에 있는 문서를 업로드해 보자. 스마트폰에 있는 내 사진을 클라우드 서비스에 접속하여 동기화해 보자.
   PC에서 접속하여 스마트폰에서 동기화한 내 사진을 다운로드 받아보자.

2. 구글 문서로 문서를 작성하여 구글 드라이브에 업로드하고, 다른 사람과 공유하는 기능을 활용해 보자.

4. 메신저

1) 메신저의 정의 및 종류

메신저(messenger)란 상대방과의 커뮤니케이션을 목적으로 인터넷에서 실시간으로 메시지와 데이터를 주고 받을수 있는 소프트웨어이다. 대표적인 소프트웨어로는 카카오톡, MSN 메신저, 페이스북 메신저, 스카이프, 텔레그램, 라인, 구글 행아웃, 네이트온 등이 있다. 국내 모바일 메신저 시장점유율 92%를 카카오톡이 차지하는 반면, 전 세계적으로는 페이스북 메신저나 스카이프가 우위를 차지하고 있다.

카카오톡　　MSN 메신저　　스카이프　　페이스북 메신저

[메신저 종류]

① 본인과 상대방 모두 컴퓨터에 접속이 되어 있어야 가능하다.
② 실시간으로 주고받기 때문에 인스턴트 메신저라고도 불리기도 하며, 속도 면에서는 전자우편보다 더 빠르다.
③ 여러 사람과 그룹채팅과 음성채팅도 가능하다.
④ 음악이나 사진, 동영상은 물론 대용량의 파일도 보낼 수 있다.
⑤ 전 세계인과 무료로 언제 어디서나 연락이 가능하다.

메신저를 사용하기 위해서는 메신저를 제공하는 웹사이트에 접속하여 회원가입을 하고, 해당 소프트웨어를 다운로드 받아 컴퓨터에 설치한 다음 아이디와 패스워드를 입력하고 로그인 절차를 거치고 나서 사용 가능하다. 네이트온 웹메신저와 페이스북 웹메신저는 프로그램을 다운로드하지 않고, 로그인하고 웹사이트에서 이용할 수 있다.

사례

빠르게 급변하는 현대사회에서 복잡한 사안과 발생하는 문제에 대해서 빠르고 정확하게 보고하고, 결정을 해야 하는 시대에 사용자끼리 언제 어디서나 연락을 주고받아 업무의 흐름을 원활하게 하는 소통의 수단으로 메신저 서비스가 업무에 적극적으로 활용되고 있다.

신세계아이앤씨, 신세계 그룹 인트라넷 '블라섬 2.0' 업그레이드

신세계그룹 IT서비스 기업 신세계아이앤씨(대표 김장욱)는 신세계 그룹 임직원이 사용하고 있는 사내 인트라넷 '블라섬(Blossom)'을 사회 변화에 발맞춰 모바일 중심의 커뮤니케이션 플랫폼으로 업그레이드 한 '블라섬 2.0'을 오픈했다고 밝혔다.
유통업의 특성상 매장에서 근무하는 현장 인력이 많아 원활한 업무처리를 위해 현장 인력과의 실시간 커뮤니케이션은 필수다. 블라섬 2.0에서는 모바일로 메일, 전자결재 확인은 물론 업무용 메신저, SNS 기반의 부서, 사업장 등 그룹별 공유 서비스 등 협업 기능 강화를 통해 실질적인 모바일 업무환경을 구축했다. 블라섬 2.0 업무용 메신저는 이름만으로 쉽게 그룹 채팅방을 개설할 수 있고, PC-모바일 간 파일 전송기능으로 사무실과 현장 간의 빠르고 정확한 소통을 통한 협업이 가능하도록 한 것이 강점이다.

신세계아이앤씨는 모바일 중심 사회에서 업무의 효율성, 정보보안 강화의 측면에서 업무용 메신저의 필요성이 앞으로 점점 더 커질 것으로 보고, "신세계아이앤씨는 그룹의 업무효율 및 소통 증진을 위해 사내 인트라넷 블라섬을 지속적으로 발전시켜 나갈 계획"이라며 "업무용 메신저에 자동 응답하는 챗봇(채팅로봇) 기능 탑재 및 화상회의 지원을 위한 준비작업도 진행 중에 있다"고 밝혔다.

(출처: 디지털 데일리, 2016. 12. 11.)

활동

1. 상대방과의 커뮤니케이션을 목적으로 활용하고 있는 메신저를 적어보자.

2. 사용하고 있는 메신저의 장단점과 특징을 비교해보자.

5. 전자상거래

1) 전자상거래의 정의

인터넷 기술 및 멀티미디어 기술의 발달로 인터넷이라는 전자매체인 웹사이트에 접속하여 상품을 사고팔거나, 재화나 용역을 거래하는 사이버상의 행위를 모두 일컫는 말로 쇼핑몰, 인터넷뱅킹, 보험 주식거래 등 광범위하게 정보기술을 통해 이루어지는 상거래 시스템을 총칭한다. 전자상거래는 IT의 급속한 발전에 따라 X-COMMERCE 형태로 진화하고 있다.

(1) 협의의 전자상거래

인터넷상에 홈페이지로 개설된 상점을 통해 실시간으로 상품을 거래하는 것을 의미한다.

① 온라인 쇼핑몰(Online shopping Mall): 온라인 쇼핑몰 또는 인터넷 쇼핑몰(Internet shopping Mall)은 인터넷 등을 이용하여 상품을 매매할 수 있도록 만든 사이버서상에 있는 가상 상점을 말한다.
예) G마켓, 11번가, 홈쇼핑, 옥션, 아마존, 이베이

② 원격교육(distance education): 교수자와 학습자가 직접 대면하지 않고 통신망을 매개로 하여 교수·학습 활동을 하는 형태의 교육이다. 시간적·공간적 제약을 받지 않고 원하는 시간에 원하는 장소에서 학습할 수 있는 교육이다.
예) 방송통신대학, 기업체 연수, 통신 강좌, 사이버 교육

③ 원격의료: 정보통신 기술을 이용하여 원거리에 떨어져 있는 환자에게 의료정보와 의료 서비스를 제공하는 기술이다. 원격의료는 환자의 진료 외에도 재택건강관리도 포함한다. 오지나 도서 지역같이 병원에서 멀리 떨어져 있는 첨단의료혜택을 받지 못하는 지역과 장기 요양환자의 치료 등에 사용된다.

④ 뉴스·오디오·소프트웨어 등의 디지털 상품

(2) 광의의 전자상거래

거래와 관련된 공급자, 금융기관, 정부기관, 운송기관 등과 같이 거래에 관련

되는 모든 기관과의 관련행위를 포함한다.

2) 전자상거래 특징

① 시간적·공간적인 제약이 없다.
② 원하고자 하는 목표에 접근이 용이하다.
③ 쌍방향 커뮤니케이션이 가능하다.
④ 비교적 구매 비용이 저렴하다.
⑤ 마케팅을 위한 측정이 용이하다.
⑥ 높은 카드 수수료와 초기의 시스템 구축비용이 많이 소요된다.

3) 전자상거래 개념도

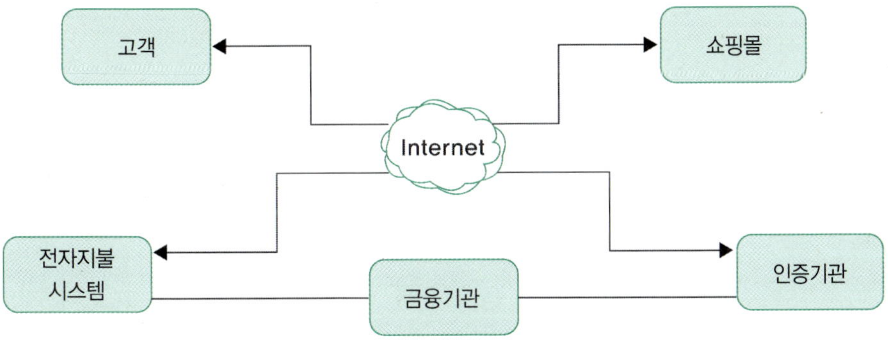

4) 전자상거래 유형

① E-COMMERCE: 소비자와 소비자 간, 소비자와 기업, 기업 대 기업 간 PC를 이용한 전자거래
② M-COMMERCE: 이동 단말기를 이용하여 정보, 서비스, 재화 등 모든 전자거래 예) 뱅킹, 쇼핑, 주식, 티켓팅, 예약 등
③ T-COMMERCE: 소비자가 TV를 통해 직접 전자거래 예) 홈쇼핑
④ C-COMMERCE: 기업 간 협업을 통해 수익을 창출하는 전자거래 예) B2B

5) 인터넷뱅킹(Internet banking)

인터넷뱅킹은 전자금융의 일종으로 전화 회선이나 인터넷을 이용하여 은행과 사용자 간의 금융업무를 처리하는 금융 시스템이다. 온라인뱅킹(Online banking)이라고도 하며, 홈뱅킹(Home banking)도 같은 의미이다. 컴퓨터에서 뱅킹 서비스를 이용하기 위해서는 은행에서 인터넷뱅킹 서비스에 가입하고 공인인증서와 보안카드를 발급받아야 한다. 인터넷뱅킹 서비스에 가입하면 은행에 가지 않고 컴퓨터에서 계좌조회, 이체, 신규계좌 개설 등의 서비스를 즉각 이용 가능하다.

6) 공인인증서

공인인증서는 공인인증기관이 발행하는 전자정보 형태의 사이버 거래용 인증서이다. 전자 서명의 검증에 필요한 공개키에 소유자 정보를 추가하여 만든 일종의 전자 신분증명서이다. 공개키 증명서, 디지털 증명서, 전자증명서 등으로도 불린다. 신원확인, 정보의 위조 및 변조, 거래사실 증명, 전자상거래, 인터넷 금융거래, 증명서 발급 등 개인정보 조회 등에서 널리 사용되고 있다.

현재 대부분의 사용자들은 파일 형식의 공인인증서를 사용하고 있지만, 한국인터넷진흥원(KISA)에서는 바이오 인식기술과 이용자의 편리성과 전자거래의 신뢰성 향상을 위해 비밀번호 입력 없이 생체인식으로 간편 공인인증 가이드라인을 제시하였고, 이에 따라 시중은행, 증권사는 '지문 기반의 공인인증 서비스', '홍채인식 기반의 공인인증 서비스' 등을 출시하였다. 인증서를 발급받기 위해서는 기관을 찾아가 발급신청을 하고 코드와 보안카드를 발급받은 후, 홈페이지에 접속해 인증서 발급신청을 해야 한다. 인증서에는 유료공인인증서와 무료공인인증서가 있다.

[공인인증서 발급기관]

공인인증기관	홈페이지 URL
은행	국민은행, 하나은행, 우리은행 ETC
한국정보인증	https://www.signgate.com/main.sg
한국전자인증	http://www.crosscert.com/
금융결제원	http://www.kftc.or.kr/

사 례

1. 바쁜 현대인들은 직장과 가정을 병행하느라 처리해야 할 회사 업무와 육아 업무의 이중부담을 가지고 있는 직장인들에게 인터넷 쇼핑은 부족한 시간을 해결하는 데 큰 도움을 주고 있다. 워킹맘 L과장은 업무를 빠르게 처리하고 집으로 돌아가 빠르게 저녁을 준비해야 한다. 퇴근하기 전 인터넷 쇼핑을 통해 식료품을 집으로 배달시킨 후 퇴근을 준비한다.

직장인 45.3% "인터넷 쇼핑이 오프라인보다 좋다"

취업포털 잡코리아가 직장인 468명을 대상으로 '직장인의 쇼핑행태'에 대해 설문조사를 실시한 결과, 직장인의 절반에 가까운 45.3%는 인터넷 쇼핑을 오프라인 쇼핑보다 선호하는 것으로 나타났다.

직장인에게 오프라인에서 주로 어떤 물건을 구매하는지(복수응답)를 물었다. ▲의류, 신발 등 패션잡화가 응답률 55.1%로 가장 많았으며, ▲과일, 채소, 고기 등 신선식품류(53.0%) ▲과자, 냉동식품 등 가공식품류(48.9%) 등이 뒤를 이었다.

온라인에서 주로 구매하는 품목(복수응답)은 ▲의류 및 패션잡화(54.9%) ▲휴지, 세제 등 부피가 크거나 무거운 생활용품(37.8%) ▲물, 음료수 등 무거운 식품류(33.8%) ▲책, CD 등 문화생활 품목(28.0%)순이었다.

온라인 구매와 오프라인 구매 중 선호하는 것을 묻자, 응답자의 45.3%가 온라인 구매를 선호한다고 답했다. 물건에 따라 다르다고 답한 직장인은 37.4%였으며, 오프라인 구매 선호자는 17.3%에 그쳤다.

그렇다면 직장인들은 과연 인터넷 쇼핑을 얼마나 자주 하고 있을까? ▲1주일에 1~2회가 38.7%로 가장 많았으며, ▲한 달에 1~2회(30.6%) ▲1주일에 3~4회(16.0%) ▲2~3개월에 1~2회(7.3%) ▲거의 매일(5.3%) ▲거의 하지 않는다(2.1%)순으로 조사됐다.

인터넷 쇼핑 후 택배 주소지는 주로 자택(73.7%)으로 설정하며, 회사에서 택배를 받는 직장인은 23.5%로 많지 않은 편이었다.

(출처: 데이터 뉴스, 2015. 11. 12.)

2. 직장인들은 업무로 인해 바쁜 와중에도 시간을 내어 자기개발을 위한 제2외국어, 관련 기술교육, 승진을 위한 교육연수 등을 받기위해 정해진 시간 내에 업무를 마치고 교육장소로 이동하기 위해 고군분투하고 있다. 원격교육이 가능해짐에 따라 이전과 달리 현대 직장인들은 교육장소로 이동하지 않고 사무실에서 본인이 가능한 시간에 수시로 접속하여 사이버 교육을 원격으로 받을 수 있다. 시간이 부족한 직장인들이 느끼는 편리함과 동시에 운영교육기관에서도 관리와 비용의 편익으로 인해 점점 사이버 교육 이용사례는 늘어가고 있는 추세이다.

기업도 사이버 교육시대

기업이 직원들에게 실시하는 직무교육이나 외국어 교육, 각종 연수 등을 온라인으로 진행하는 'B2B형 사이버 교육'이 새로운 황금시장으로 떠오르고 있다. 교육을 받는 직장인들도 먼 연수원이나 외부 교육기관에 갈 필요 없이 수시로 인터넷에 접속, 까다로운 직무과정을 연마할 수 있어 큰 호응을 보이고 있다.

지난해 고용보험에서 환급된 지원금으로 교육을 받은 직장인 270만 명 가운데 온라인을 이용한 원격교육 수강자는 전체의 3.5%인 9만 7,000명. 올해는 온라인 수강자가 전체의 14%로 지난해보다 4배 가량 늘어날 전망이다.

특히 삼성, 현대, LG, 한국통신, 포항제철 등 대기업의 경우 비용절감과 업무효율을 위해 지난해 집중적으로 사이버 연수원 등을 설치, 실제 온라인 교육을 받는 직장인의 숫자는 이보다 훨씬 많다.

사이버 직무교육 열풍에는 공직원과 교원들도 예외가 아니다. 교육부는 21개 원격교육연수원을 선정, 올해부터 교원들이 인터넷을 통해 수강신청과 자료검색, 리포트제출, 성적확인 등 연수과정을 이수할 수 있도록 할 방침이다.
정보통신부는 사이버 연수 비중을 2002년까지 70%로 높일 계획이고, 행정자치부는 공무원 재교육에 온라인 교육을 전면 도입하기로 최근 결정했다.
(출처: 한국일보, 2001. 2. 22.)

활동

1. 일상생활 중 활용하고 있는 전자상거래에 체크를 해보자.

인터넷 쇼핑몰	
인터넷뱅킹	
사이버교육	

2. 인터넷 쇼핑을 하고 있다면 어느 쇼핑몰을 이용하는가?

3. 전자상거래가 이루어지는 프로세스에 대해 이야기 나누어 본다.

4. 컴퓨터에서 뱅킹 서비스를 이용하려면 은행에서 인터넷뱅킹 서비스에 가입하고 보안카드를 먼저 발급받아야 한다. 인터넷뱅킹 서비스에 가입한 후 PC에서 거래 은행 홈페이지에 접속해 공인인증센터에 접속한다.

   - 인증서를 발급받아 USB(이동식 디스크)에 복사하는 과정을 해보자.
   - 공인인증서를 스마트폰에 전송해보자.
   - 스마트폰에서 모바일 뱅킹앱을 다운로드 받아 공인인증서 로그인해보자.

6. 정보검색

정보의 홍수 시대에 살고 있는 현대사회에서 목적에 적합한 정보만을 신속하고 정확하게 찾아내고, 효율적으로 정보를 수집하고 분류하는 것이 중요해지고 있다. 원하는 정보를 검색하는 방법으로는 학술지나 논문 등 문헌을 통해 찾는 방법과 인터넷에서 제공하는 데이터베이스에서 정보를 검색하는 방법이 있다. 여기에서는 인터넷을 서핑하면서 많은 시간을 허비하지 않고, 필요한 자료와 정보를 효과적으로 검색하는 기법을 소개하고 활용하는 방법을 살펴본다.

1) 정보검색단계

검색주제 선정-정보원, 선택-키워드 검색 또는 검색식 작성-정보 도출

① 찾고자 하는 정보에 해당하는 핵심적인 키워드를 선정한다.

② 찾고자 하는 정보를 수집할 수 있는 원천 또는 검색엔진을 선택한다.

③ 키워드 검색이나 연산자를 이용하여 검색식을 작성하여 검색한다.

④ 검색엔진에 결과 외에 부가 서비스 등을 이용하여 연관된 다른 정보들을 함께 찾아본다.

2) 검색엔진의 분류

(1) 키워드 검색엔진

검색엔진에 핵심 키워드를 입력하고 검색엔진이 키워드와 관련된 정보를 찾는 방식이다. 이는 간단하고 빠른 장점과 함께 키워드가 분명해야 원하는 정보를 찾을 수 있는 단점이 있다. 주로 네이버, 다음, 구글 등의 검색엔진에서 서비스되고 있다.

(2) 주제별 검색엔진

검색엔진 사이트가 정보를 정치, 경제, 문화 등 주제별로 분류하여 비슷한 항목끼리 계층별로 정리하여 데이터베이스를 구축해서 보여주기 때문에 원하는 정보가 상위 디렉토리부터 하위 디렉토리까지 분류되어 있다.

주로 네이버, 다음 등에서 제공되고 있다.

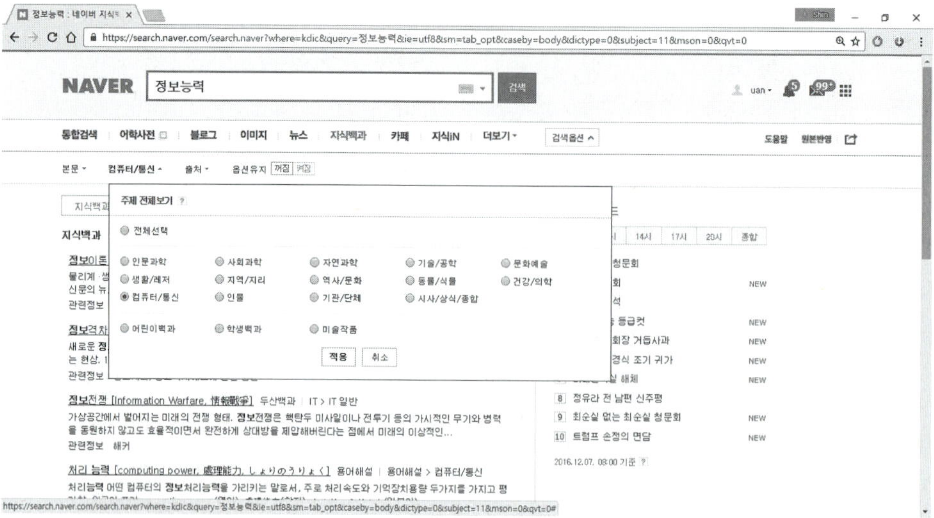

(3) 혼합형 검색엔진

키워드별 주제별 검색을 동시에 지원하는 검색엔진을 말하며, 네이버, 다음 등과 같은 검색엔진들이 있다. 구글은 현재는 주제별 검색을 지원하지 않고 있다.

3) 검색 연산자

<table>
<tr><th>구두점</th><th>기호</th><th>연산자</th><th>사용방법</th><th>의미</th></tr>
<tr><td>+</td><td>*, &</td><td>AND</td><td>애플 + 파이, 애플 * 파이</td><td>두 단어가 모두 포함된 정보를 검색</td></tr>
<tr><td>-</td><td>!</td><td>NOT</td><td>재규어 속도 -동물,</td><td>해당 단어가 제외된 정보나 사이트를 검색(자동차의 속도가 검색)</td></tr>
<tr><td></td><td>~</td><td>near</td><td>~음식정보</td><td>동의어를 포함한 정보를 검색(음식정보와 유사한 영양정보의 검색결과도 포함)</td></tr>
<tr><td></td><td>|</td><td>OR</td><td>애플 OR 파이</td><td>여러개의 단어중에 한 개의 단어나 여러개의 단어를 포함하는 정보를 검색</td></tr>
</table>

4) 정보검색을 위한 5대 웹브라우저

웹 브라우저(Web Browser)는 웹서버에 접속하여 검색한 정보를 HTML 문서 화면에 보여주는 응용 소프트웨어이다 .

파이어폭스 인터넷 익스플로러 사파리 크롬 오페라

인터넷 초창기 사용한 네스케이프사의 모질라(MOZILLA)가 AOL과 합병되면서 만든 모질라재단에서 파이어폭스 웹브라우저를 만들어 보급하였다. 사파리는 macOS와 iOS를 사용한 애플 제품의 기본 브라우저다. 인터넷 익스플로러는 마이크로 소프트에서 개발한 윈도우즈 환경에서 기본적으로 제공하는 브라우저이다. 구글은 인터넷 익스플로러의 느린 구동과 보안성의 취약을 보완하는 크롬 브라우저를 개발하여 보급하였고, 구글과 연동되는 편의성 때문에 많은 사람들이 사용하고 있다. 그 외에도 노르웨이 오페라 소프트웨어에서 개발하고 배포하는 브라우저로, 분위기나 개성 때문에 지속적으로 사용되고 있는 오페라(OPERA) 브라우저가 있다.

사 례

인터넷의 발전으로 빠르게 정보를 찾는 편리한 점에 반해 너무나 많은 정보로 혼란스럽기까지 하다. 업무보고서나 제안서 작성 시 인터넷에서 정보를 찾지만, 타 부서의 김과장의 보고서와 박과장의 보고서는 완성도에서 많은 차이가 난다. 대량의 정보에서 목적에 부합하는 정보를 인터넷에서 효과적으로 검색하여 업무에 적용하는 방법에 대한 지식이 필요하다.

직장인 52% "문서작성 · 포털검색에 업무시간 절반 쓴다"

직장인의 전체 업무시간 중 절반 이상이 문서작성과 정보검색에 소모되고 있는 것으로 나타났다. 14일 한국생산성본부(KPC)가 직장인 437명과 공공기관 108곳을 조사해 분석한 '스마트워크 및 조직창의성 보고서'에 따르면, 직장인이 평소 문서작성에 투입하는 시간은 전체 업무시간의 29.7%에 달했다.

정보검색 · 수집에 들이는 시간도 전체 업무시간의 22.3%를 차지, 정보검색 · 수집과 문서작성에만 일과의 절반 이상(52.0%)을 쏟아붓고 있었다. 검토 · 의사결정(19.7%), 회의(16.2%), 보고(12.7%)가 그 뒤를 이어 업무시간 할애 비중 상위 5위권에 올랐다. 이처럼 문서작성과 정보수집에 쓰이는 업무시간의 비중이 높은 것은 보고서와 제안서 등 문서자료에 지나치게 집착하는 조직문화 탓이 컸다.

보고서에 따르면 한 달에 6건 이상의 기획 · 제안 · 발표 문서를 작성하는 직장인은 23.6%였으며, 매달 10장이 넘는 보고서를 만드는 직장인도 21.6%나 됐다. 또 직장인 5명 가운데

1명(22.2%)은 일주일에 다섯 번 이상 회의에 참석하는 것으로 집계됐다. 회의시간은 30분 미만(0.7%), 30분~1시간 미만(9.2%), 1~2시간 미만(12.2%), 2시간 이상(0.9%)이었다.
(출처: 헤럴드경제, 2014. 2. 14.)

네이버 검색 문헌정보 편집 쉬워진다

앞으로 인터넷 포털사이트인 네이버에서 논문을 검색할 경우에도 저자와 출판사 등 각종 문헌정보를 자동 정리할 수 있게 된다. 검색한 본문내용과 아이디어를 체계적으로 저장했다가 작성 중인 문서로 손쉽게 활용할 수 있다.

포탈 검색엔진 사이트인 네이버에서 학술자료와 연구보고서 등 전문정보를 검색하면 검색결과가 쉽게 저장되며 각주, 내주, 미주와 같은 인용형식이 투고규정에 맞게 문서에 자동으로 인용 삽입된다. 전문정보의 검색결과를 'Scholar's Aid로 가져오기' 서비스를 이용해 저장하면 나중에 학술문서를 작성할 때 각주, 내주, 미주와 같은 인용형식과 투고규정에 맞게 문서에 자동으로 인용 삽입할 수 있어 학술문서의 표준화까지 이뤄진다.
(출처: 이데일리, 2015. 2. 23.)

활동

인터넷을 활용하여 업무수행이나 일상생활에 필요한 정보를 빠르고 쉽게 찾을 수 있을 것이다. 인터넷을 활용하여 다음의 정보를 검색하여 보도록 하자.

1. 크롬브라우저를 실행하여 구글 웹사이트에서 이미지 검색을 해보자.
   도구를 클릭하여 크기별, 유형별, 사용권한별 필터링을 적용해 본다.

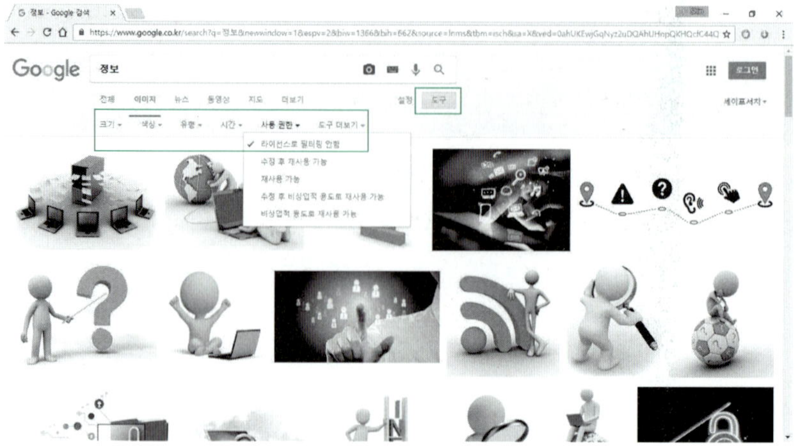

2. 네이버 웹사이트 메인화면에서 '검색' 버튼을 클릭한다.
'검색옵션'을 클릭하면 하위에 '상세검색'을 클릭한다.
상세검색화면이 나타나면 서식에 맞게 검색키워드를 입력하여 정보검색을 해보자.
정보의 최신성과 키워드와 유형에 대한 검색스킬을 향상해 보자.

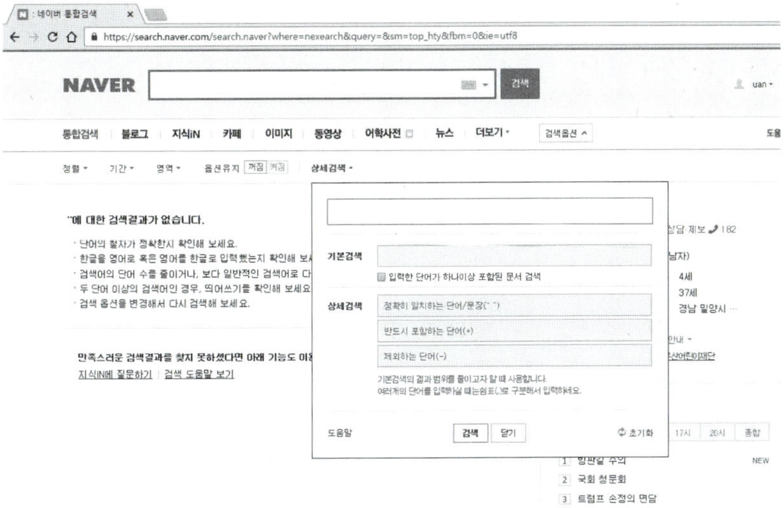

3. 다음지도 서비스를 기반으로 정보 서비스를 이용할 수 있다.
현재 위치에서 내가 가고자 하는 위치의 정보를 찾아보자.
상단 검색창에 [도착지]를 입력 후 검색을 클릭한다.
검색결과가 나타난다.
로드뷰부터 길찾기까지, 버스부터 지하철까지 정보검색을 해보자.

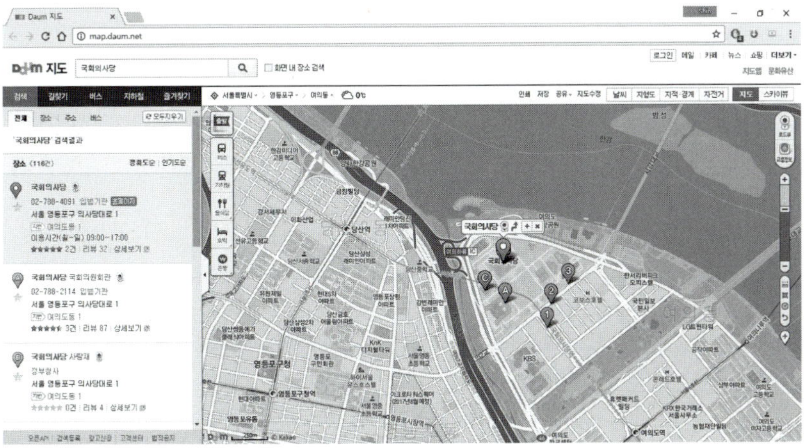

학습 평가

01 컴퓨터로 연결하여 TCP/IP(Transmission Control Protocol/Internet Protocol)라는 통신 프로토콜을 이용해 정보를 주고받는 개방형 컴퓨터 네트워크이다.

02 업무수행 중에 활용 가능한 전자우편 서비스 종류를 적어보고 각각의 주소 형식을 적어보자.

03 내 컴퓨터에 있는 정보를 보관하기 위해 인터넷을 통해 제공되는 서버에 정보를 보관하고 필요할 때 인터넷에 접속하여 수정, 편집이 용이한 인터넷 서비스를 무엇이라고 하는가?

04 클라우드 서비스의 장점으로 옳은 것을 보기에서 고르시오.

> ㄱ. 초기 구입 비용과 비용 지출이 적다
> ㄴ. 개인정보가 유출될 가능성이 있다.
> ㄷ. 다양한 기기를 단말기로 사용하는 것이 가능하며 휴대성이 높다.
> ㄹ. 사용자의 데이터를 다른 서버에 보관함으로써 신뢰도가 낮다
> ㅁ. 전문적인 하드웨어에 대한 지식 없이 쉽게 사용 가능하다.

① ㄱ, ㄷ, ㅁ　② ㄴ, ㄷ, ㄹ
③ ㄷ, ㄹ, ㅁ　④ ㄱ, ㄹ, ㅁ

05 메신저(instant messenger)에 관한 설명으로 옳은 것을 보기에서 고르시오.

ㄱ. 본인과 상대방 모두 컴퓨터에 접속이 되어있어야 가능하다.
ㄴ. 인스턴트 메신저라고도 불리기도 하며 속도면에서는 전자우편보다 더 빠르다.
ㄷ. 단방향 커뮤니케이션이 가능하다.
ㄹ. 여러 사람과 그룹채팅과 음성채팅도 가능하다.
ㅁ. 음악이나 사진, 동영상 등 대용량의 파일을 보내는 데 제한이 있다.
ㅂ. 전 세계인과 무료로 언제 어디서나 연락이 가능하다.

① ㄱ, ㄴ, ㄷ, ㅁ ② ㄴ, ㄷ, ㄹ, ㅁ
③ ㄷ, ㄹ, ㅁ, ㅂ ④ ㄱ, ㄴ, ㄹ, ㅂ

06 인터넷 기술 및 멀티미디어 기술의 발달로 인터넷이라는 전자매체인 웹사이트에 접속하여 상품을 사고팔거나, 재화나 용역을 거래하는 사이버상의 행위를 모두 일컫는 말로 쇼핑몰, 인터넷뱅킹, 보험주식거래 등 광범위하게 정보기술을 통해 이루어지는 상거래 시스템을 무엇이라고 하는가?

07 전자상거래(electronic commerce)에 관한 설명으로 옳은 것을 보기에서 고르시오.

ㄱ. 시간적·공간적인 제약이 높다.
ㄴ. 원하고자 하는 목표에 접근이 용이하다.
ㄷ. 쌍방향 커뮤니케이션이 가능하다.
ㄹ. 비교적 구매 비용이 저렴하다.
ㅁ. 마케팅을 위한 측정이 용이하다.
ㅂ. 높은 카드 수수료와 초기의 시스템 구축비용이 저렴하다.

① ㄱ, ㄴ, ㄷ, ㅁ ② ㄴ, ㄷ, ㄹ, ㅁ
③ ㄷ, ㄹ, ㅁ, ㅂ ④ ㄱ, ㄹ, ㅁ, ㅂ

08 너무나 많은 정보의 홍수 시대에 목적에 적합한 정보만을 신속하고 정확하게 찾아야 하는 정보검색단계에 대해 빈칸을 채워보자.

> 검색주제 선정－(   )－(   )－정보 도출

09 키워드 검색방식과 주제별 검색방식의 특징에 대해서 적어보자.

> • 키워드 검색방식
> • 주제별 검색방식

10 인터넷의 검색엔진을 사용하여 2018 평창 동계올림픽 마스코트를 검색해 보고자 한다. 연산자를 사용하여 검색조건을 만들었다. 가장 적절한 검색식은 무엇인가?

① 2018! 올림픽　　② 평창 올림픽 & 마스코트
③ 평창 & 올림픽　　④ 평창 동계올림픽－마스코트

C·H·A·P·T·E·R

04 소프트웨어 활용하기 및 데이터베이스 구축하기

학습목표

직장생활에서 업무수행을 위해 필요한 소프트웨어에 대한 관련 지식과 기본정보를 이해하고 다양한 소프트웨어를 활용할 수 있는 능력을 기른다.

세부목표

1. 워드프로세서를 활용할 수 있다.
2. 스프레드시트 프로그램을 활용할 수 있다.
3. 프레젠테이션 프로그램을 통해 프레젠테이션을 할 수 있다.
4. 다양한 유틸리티 프로그램을 활용할 수 있다.
5. 데이터베이스 구축의 필요성을 설명할 수 있다.

주요용어

소프트웨어 | 워드프로세서 | 스프레드시트 | 프레젠테이션 | 유틸리티 프로그램 | 데이터베이스

1. 워드프로세서

1) 워드프로세서란?

워드프로세서(word processor)는 문서를 작성, 편집, 저장 및 인쇄할 때 사용하는 하드웨어 또는 소프트웨어를 말한다. 원래 워드프로세서는 컴퓨터 소프트웨어가 아닌 반자동 타자기를 뜻하는 말이었으나, 개인용 컴퓨터의 대중화로 기존 타자기의 자리를 소프트웨어 형태의 워드프로세서가 대체하면서 현재는 통상적으로 컴퓨터 소프트웨어를 뜻하는 말로 사용한다.

초창기 워드프로세서는 간단한 문서 입력과 편집 기능에 집중되었지만, 프로그램의 버전이 업그레이드되면서 글자크기, 폰트, 글자색깔 등을 바꿀 수 있는 것은 물론이고, 도표를 작성하거나 그림이나 차트를 삽입하는 등의 기능이 추가되면서 문서의 활용 범위를 넓혀주고 있다.

[워드 프로세싱 머신-IBM이 1964년 출시한 셀렉트릭 타자기]

출처: IT동아(http://it.donga.com/21345)

2) 워드프로세서의 종류

반자동 타자기에서부터 워드프로세서 전용기를 거쳐 소프트웨어용으로 다양한 종류의 워드프로세서가 만들어지고 사라졌으며, 현재 많이 사용되는 워드프로세서는 'MS Word', '훈글', 'WordPerfect' 등이 있다.

(1) MS Word

마이크로소프트사의 Word는 마이크로소프트 오피스의 제품군 중 하나로, 현재는 Word 2016 버전까지 출시되어 있다. 마이크로소프트사에서 개발된 제품이기 때문에 윈도우즈와 완벽히 호환되며 익숙한 인터페이스로 세계에서 가장 많은 사용자를 보유한 워드 프로세서이다. 확장자는 .docx를 사용한다.

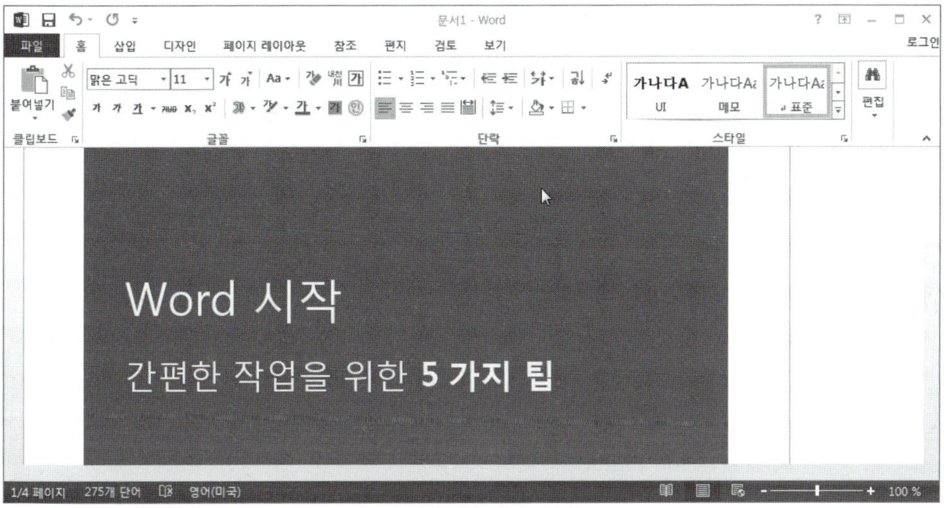

[MS Word]

(2) 혼글

혼글은 국내 기업인 한글과 컴퓨터사에서 개발한 워드프로세서로, MS Word와 함께 국내에서 가장 많은 이용자를 보유하고 있다. 1989년 혼글 1.0 버전 출시 이후 2016년 1월에 한컴오피스 NEO가 출시되었으며, 확장자는 .hwp(Hangul Word Processor의 준말)를 사용한다. 혼글은 기본적인 워드프로세서의 기능 이외에도 맞춤법 교정, 간이 전자출판, 헬라어, 로마자 등의 외국어 입력과 같은 다양한 기능을 제공하지만 호환성 문제로 인해 국외에서는 많은 사용자를 확보하지 못한 한계성을 가진다.

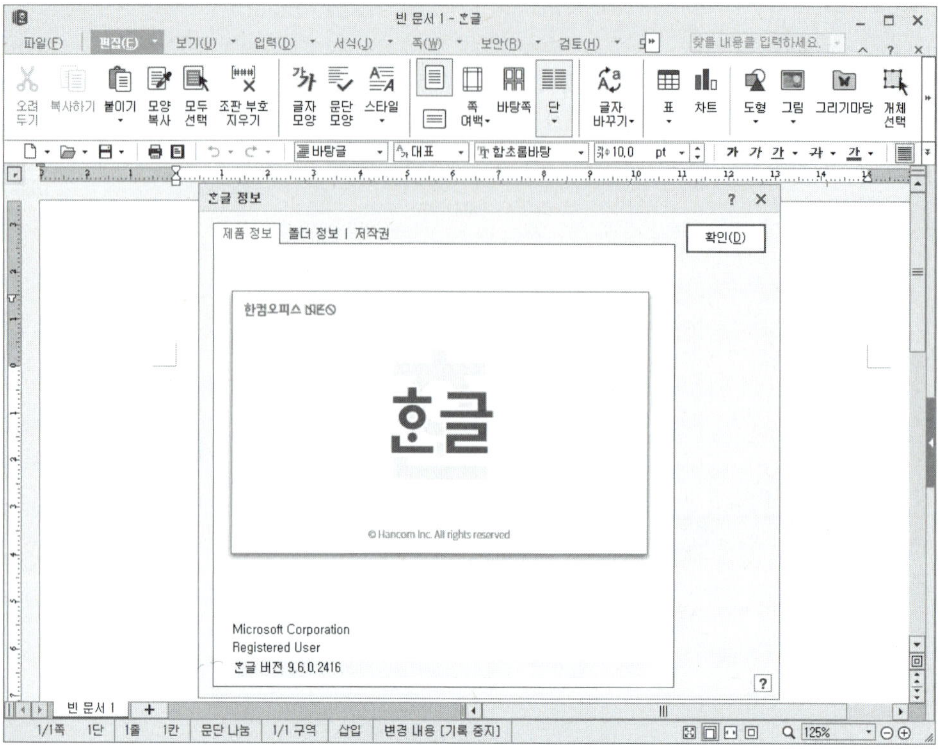

[한컴오피스 NEO ᄒᆞᆫ글]

(3) 워드퍼펙트

워드퍼펙트(WordPerfect)는 코렐(Corel)사에서 개발한 워드프로세서로, 1990년대 초까지 도스 환경에서 널리 쓰이면서 업계 표준으로 자리 잡았으나 윈도우 버전의 개발이 늦어지면서 MS Word에게 많은 이용자를 빼앗기게 된다. 하지만 윈도우즈뿐만 아니라 Mac OS, 리눅스, 유닉스 등 다양한 운영체제에서 사용할 수 있고, 마이크로소프트사의 오피스군에 포함된 Word, Excel, PowerPoint의 문서를 열거나 수정 및 저장이 가능하며, 이 외에도 다양한 파일 형식을 지원하는 등의 뛰어난 범용성은 워드퍼펙트가 가진 가장 큰 장점이다.

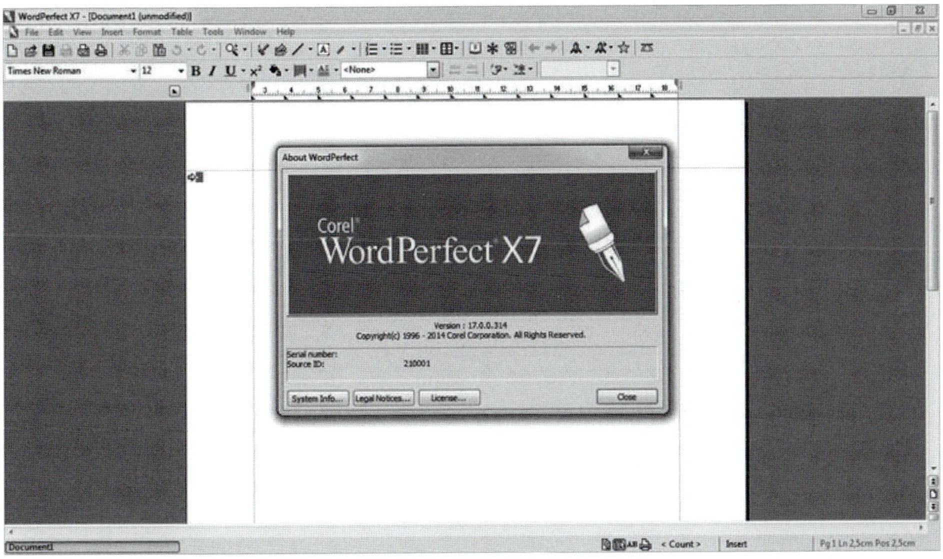

[워드퍼펙트 X7]

3) 워드프로세서의 기능

워드프로세서는 다양한 글이나 그림을 입력하고 작업한 문서를 저장 및 수정, 인쇄할 수 있으며 다른 사람에게 전송할 수도 있다. 워드프로세서의 주요 기능은 다음과 같다.

① 입력기능: 워드프로세서의 가장 기본적인 기능으로 키보드와 마우스를 이용하여 글이나 그림, 도형 등을 입력할 수 있다. 한글뿐만 아니라 영문, 한자, 일어, 러시아어 등 외국어와 특수문자, 기호 등도 입력할 수 있다.

② 표시기능: 입력한 데이터나 편집된 문서를 화면에 보여주는 기능으로, 이를 통해 문서의 수정 및 편집이 가능하다.

③ 저장기능: 입력한 내용을 보조기억장치에 저장하는 기능으로, 다른 프로그램에서도 사용할 수 있도록 다양한 파일 형식으로 저장이 가능하다.

④ 편집기능: 문서의 내용 중 잘못된 내용을 수정하거나 필요없는 부분을 삭제하고 새로운 내용을 추가하는 등 문서의 내용이나 형태 등을 변경하여 새롭게 문서를 변경하는 기능이다.

⑤ 출력기능: 작성한 문서를 용지의 크기, 방향에 맞게 설정하여 종이 등에 인쇄

하는 기능이다.

⑥ 전송기능: 작성한 문서를 팩스나 인터넷 메일 등을 통해 본인 또는 다른 사람에게 보내는 기능이다.

4) 워드프로세서 화면구성(한글 2014)

많은 사용자를 확보한 워드프로세서 프로그램으로는 한글과 컴퓨터사의 훈글과 마이크로소프트사의 Word를 들 수 있다. 과거에는 두 프로그램이 기능면에서 많은 차이를 보였지만, 현재는 별반 차이를 보이지 않으며 우리나라 대부분의 공공기관에서 한글과 컴퓨터사의 훈글을 많이 사용하므로 훈글 2014 프로그램을 사용하여 워드프로세서의 기능과 사용법에 대해 알아보겠다.

훈글 2014의 화면 구성을 보면 다음과 같다. 메뉴 표시줄이자 열림 상자를 표시하는 각각의 탭이 위치해 있고, 이 메뉴 탭을 클릭하면 관련 도구 모음이 펼쳐진다.

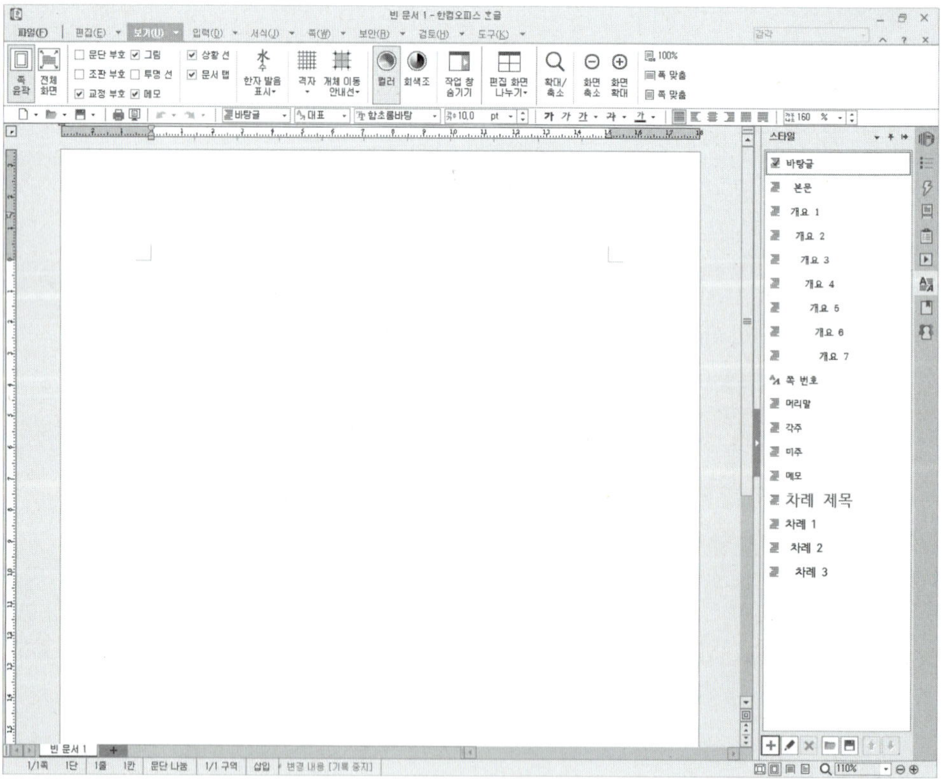

① 제목 표시줄: 파일 이름과 경로가 표시되어 있고, 최소화, 최대화, 닫기 단추가 있다.

② 메뉴 표시줄: 프로그램에서 사용하는 메뉴를 관련 기능별로 묶어 놓았다. 메뉴 제목 옆의 목록 단추를 클릭하면 관련 메뉴 목록이 표시된다.

③ 열림 상자: 각 메뉴에서 자주 사용하는 기능을 그룹별로 모아놓고 메뉴 탭을 클릭하면 해당 기능이 열림 상자 형식으로 나타난다.

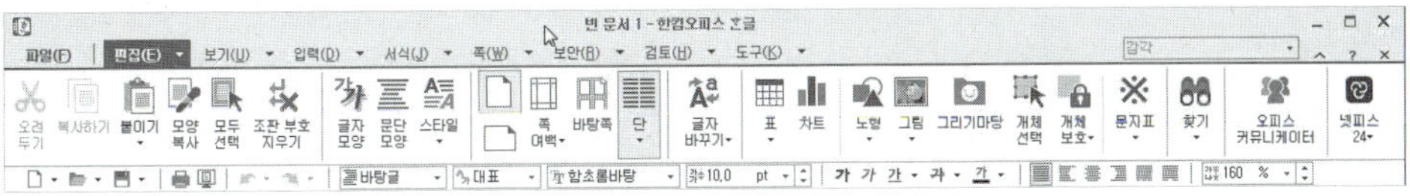

④ 고정 서식 도구 모음: 문서 편집 시 자주 사용하는 기능의 아이콘을 모아 놓았다.

⑤ 작업 창: 바탕쪽, 스타일, 사전 등의 작업 창을 따로 열어 문서 작업을 수행한다.

⑥ 문서 탭: 작성 중인 문서와 파일 이름을 표시한다. 같은 창에 새로운 문서 탭을 연속해서 만들 수 있다.

⑦ 편집 창: 문서를 작업할 수 있는 공간이다.

⑧ 상태 표시줄: 현재 커서가 위치한 쪽, 구역 위치 등의 정보를 표시한다.

⑨ 쪽 윤곽: 한글을 실행하면 기본적으로 용지 여백이나 머리말/꼬리말 등이 어떤 모양으로 인쇄될지 미리 보여주는 쪽 윤곽이 선택된 상태로 설정된다.

⑩ 폭 맞춤: 편집 창의 폭에 맞춰 문서를 확대한다.

⑪ 쪽 맞춤: 편집 창의 한 쪽의 내용이 모두 보이도록 축소한다.

⑫ 문서 확대/축소: 원하는 배율로 화면을 확대하거나 쪽 맞춤, 폭 맞춤 등을 선택한다.

⑬ 확대/축소: 클릭할 때마다 5%씩 화면이 확대/축소된다.

사 례

엑셀, PT, 워드 직장인에게 필요한 최고 스펙

"애널리스트가 되고자 한다면 엑셀, 파워포인트, 워드 훈련을 해야 합니다. 엑셀은 콘텐츠를 만드는 도구입니다. 엑셀을 키보드만으로 자유자재로 다룰 수 있다면 증권사 어느 곳에서나 환영받을 겁니다."

지난달 19일 한국경제신문 증권사 잡콘서트에 온 고태봉 하이투자증권 이사는 엑셀 능력이 애널리스트에게 절대적이라며 이같이 강조했다.

오피스 활용 능력은 애널리스트에게만 필요한 건 아니다. 전국경제인연합회가 지난해 20~30대 직장인 800명을 대상으로 '업무에 가장 도움이 되는 스펙'을 조사한 결과, 응답자의 77.5%(중복응답)는 '컴퓨터 활용 능력'이라고 답했다. 이유는 '신속한 업무 처리로 효율성을 높일 수 있어서'(54.2%), '내부보고서·발표 자료를 잘 만들 수 있어서'(36.1%) 등이었다.

심재훈 CJ푸드빌 인사팀 대리는 "엑셀이나 파워포인트 작성 능력이 뛰어나면 업무를 효율적으로 할 수 있는 장점이 있다"고 말했다.

(출처: 한국경제, 2016. 2. 23.)

활 동

1. 흔글 2014를 이용하여 나만의 달력을 만들어보자.

1) 표 만들고 내용 입력하기

① [입력] 탭의 [표] 그룹에서 [표 만들기]의 [표] 부분을 클릭한다.

② 바둑판 모양의 표 상자가 나타나면 '6X7' 크기만큼 마우스로 드래그한다.

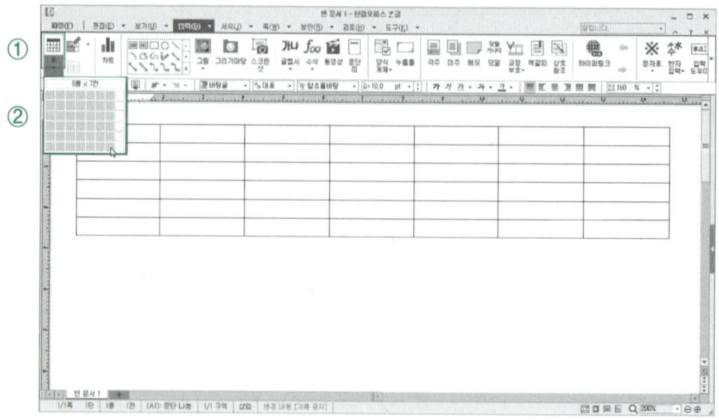

③ 셀 안에 요일과 날짜를 입력한다.

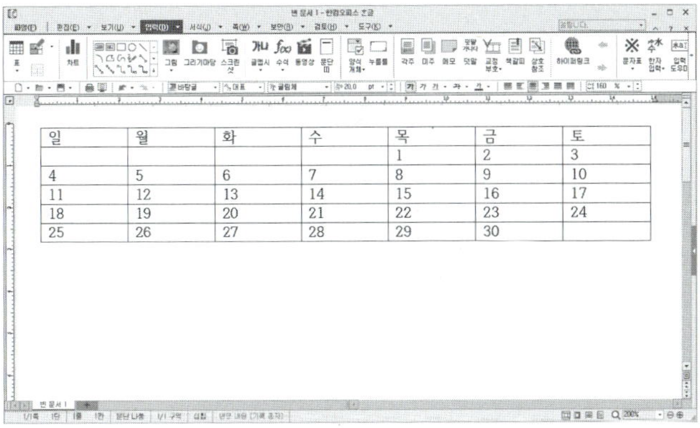

④ [입력] 탭의 [글맵시] 기능을 이용하여 연도와 월을 입력하고 가운데 정렬한다.

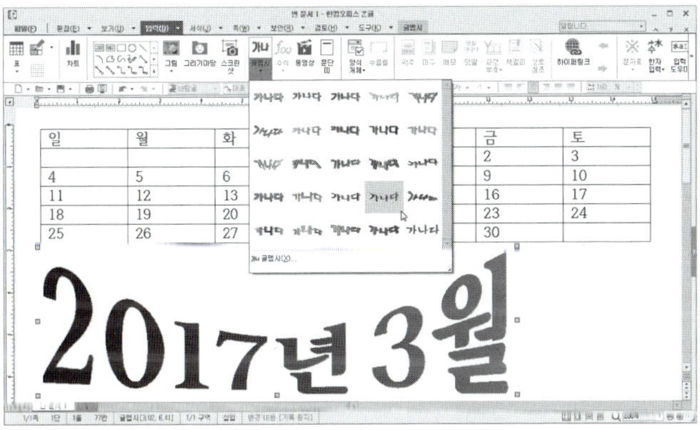

2) 표와 셀 크기 조절하기

① 표의 경계선을 클릭하여 표 전체를 선택한다.

② 아래쪽 가운데 조절점에 마우스 포인터를 가져간다.

③ 마우스를 아래로 드래그하면 표 전체 셀의 높이가 동일하게 늘어난다.

④ '요일' 부분을 블록설정하고 고정 서식 도구 모음에서 [가운데 정렬]을 클릭하여 정렬한다.

3) 셀 편집하기

① '토요일' 셀을 전체 블록설정하고 마우스 오른쪽 버튼을 누른 후 [셀 나누기]를 클릭한다.

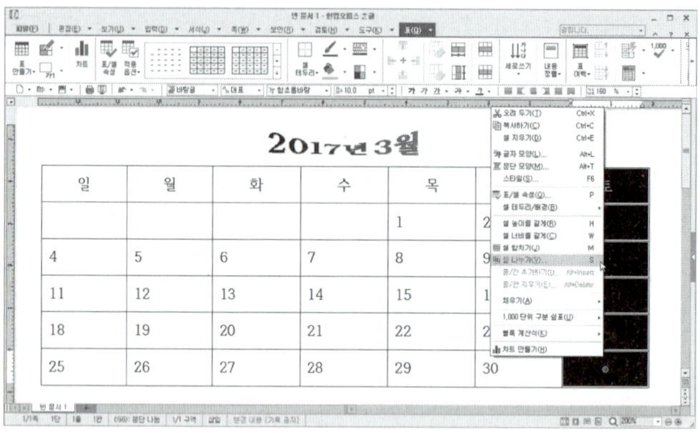

② 셀 나누기 대화상자에서 [칸 수] 체크박스에 체크하고 2를 입력한 후 [나누기]를 누른다.

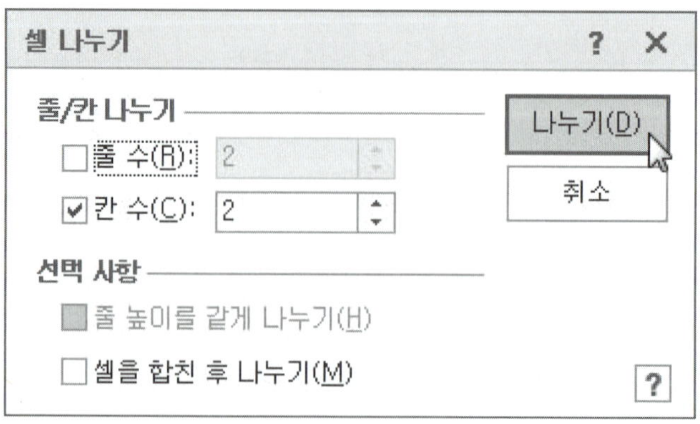

③ 나눈 칸에 '메모'라고 입력한다.

④ 전체 셀을 블록설정하고 [셀 너비를 같게]를 클릭하여 셀 너비를 같게 조절한다.

⑤ '날짜' 부분에서 아무것도 입력되지 않은 셀들을 블록설정하고 [셀 합치기]를 눌러 하나의 셀로 합친다.

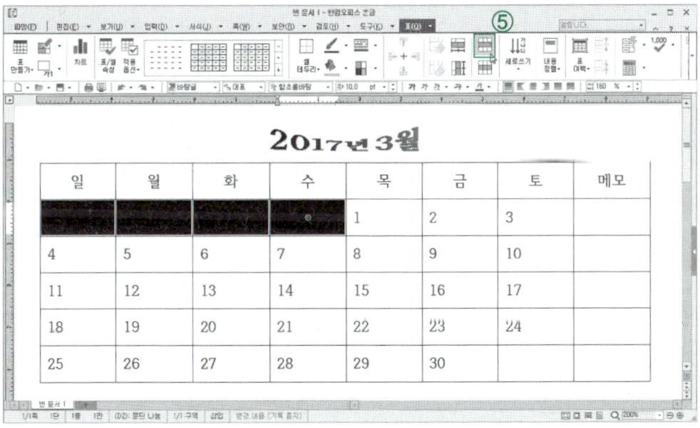

⑥ [스타일] 그룹에서 [자세히]를 클릭하여 표 스타일 목록에서 원하는 항목을 선택하여 표 스타일을 적용해 준다.

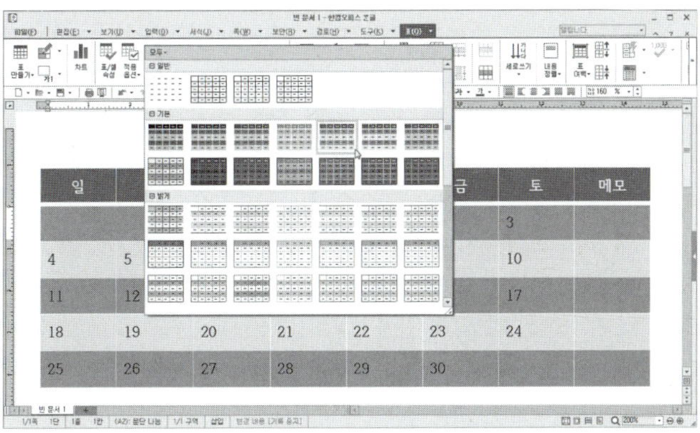

⑦ 날짜부분을 전체 선택한 후 [표]탭-[내용정렬]-[세로정렬]-[셀 양쪽 위 정렬]을 클릭하여 날짜를 정렬해 준다.

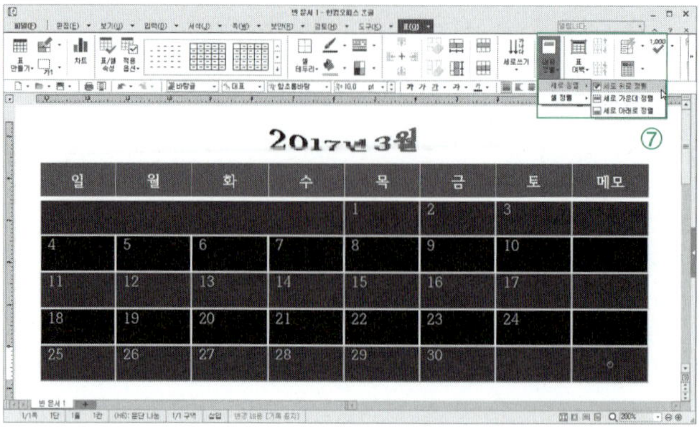

2. 스프레드시트

1) 스프레드시트란?

원래 스프레드시트는 미국인들이 경리, 회계상 사용하던 일정한 형태의 계산용지를 의미하는 말이었으나, 지금은 경리나 회계 등의 계산을 위해 사용하는 표 형식의 프로그램을 의미한다. 스프레드시트 프로그램은 수많은 셀(Cell)로 나뉘는 커다란 표로 이루어져 있는데, 각 셀에 계산에 필요한 수치를 입력하고 이를 참조하는 계산식이나 함수를 사용해 결과값을 계산한다.

최초의 PC용 스프레드시트는 1979년 댄 브릭클린(Dan Bricklin)이 애플 II용으로 개발한 비지칼크(VisiCalc)로, 초기 데이터가 변경되면 즉시 계산이 다시 이루어지는 편리성으로 출시되자마자 큰 성공을 거두었다. 초기 스프레드시트 프로그램은 몇 개의 셀만을 이용해 단순 계산만 할 수 있었으나, 오늘날의 스프레드시트는 작업 능력의 향상과 함께 자동으로 그래프를 그려주고, 다양한 함수를 제공해주며 값을 예측하고 데이터베이스와 통신 기능까지 제공한다.

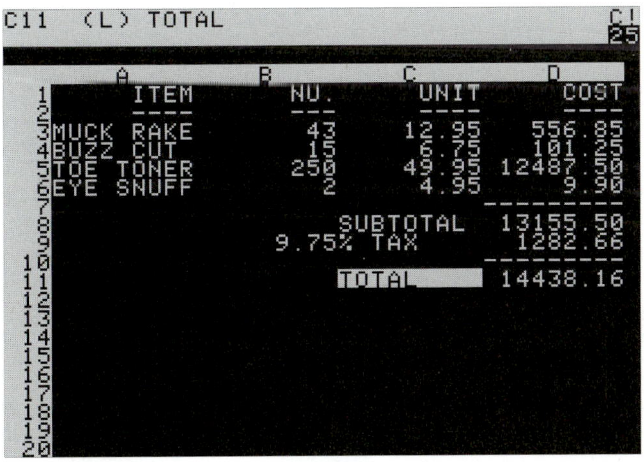

[비지칼크]

출처: https://commons.wikimedia.org/wiki/File:Visicalc.png

2) 스프레드시트 프로그램의 종류

(1) 엑셀

마이크로소프트사에서 개발한 오피스 프로그램 중 하나인 엑셀은 현재 전 세계적으로 가장 많은 사용자를 보유한 스프레드시트 프로그램이다. 1985년에 매킨토시용으로 출시되었지만, 로터스 1-2-3에 가려 빛을 보지 못하다가 도스 시대가 저물고 윈도우가 널리 보급되는 시기에 윈도우용 로터스의 개발이 더딘 틈을 이용해 점차 사용자를 늘려 현재의 지배적인 위치를 차지하게 되었다. 엑셀은 다양한 마법사 기능을 통해 사용자가 원하는 작업을 수월하게 수행할 수 있도록 도와주며, Visual Basic을 포함하여 사용자가 응용프로그램도 직접 개발할 수 있다. 또한 데이터베이스 기능과 강력한 그래프 기능도 제공하고 있다. 기본 확장자는 .xlsx이다.

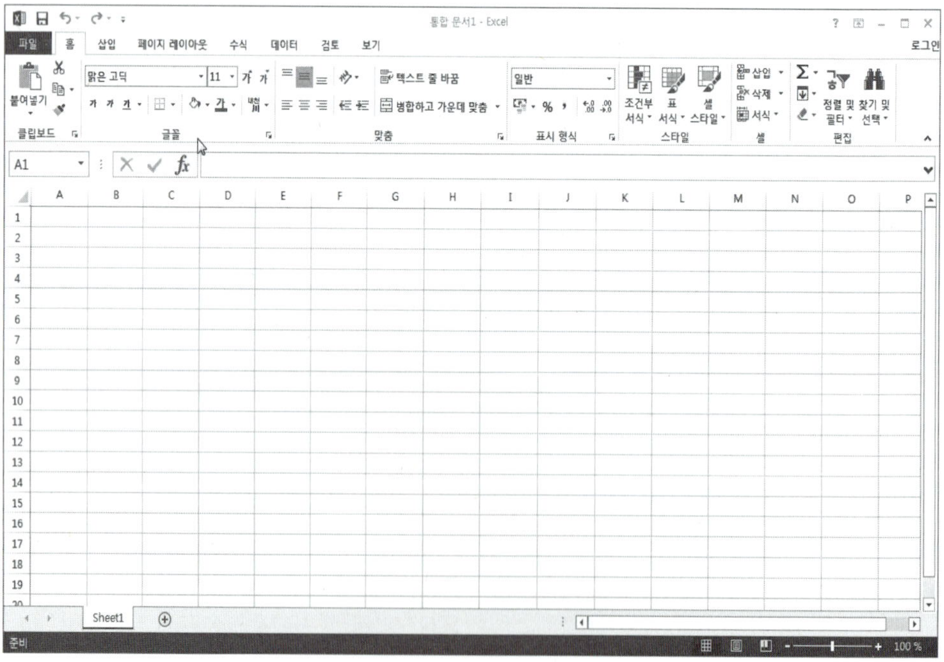

[마이크로소프트 엑셀 2013]

(2) 로터스

1983년에 첫 선을 보인 로터스는 1990년대 초까지 가장 많은 사용자를 보유했던 스프레드시트 프로그램으로 한때, 업무용 컴퓨터에는 반드시 포함되어 있었지만 현재는 마이크로소프트사의 엑셀에 밀려 사용자를 찾기 어렵다. IBM에 인수된 이후 MS 오피스의 대항마로 명맥을 유지했으나, 2014년 IBM에서 소프트웨어 지원을 중단하면서 역사의 뒤안길로 사라지게 되었다.

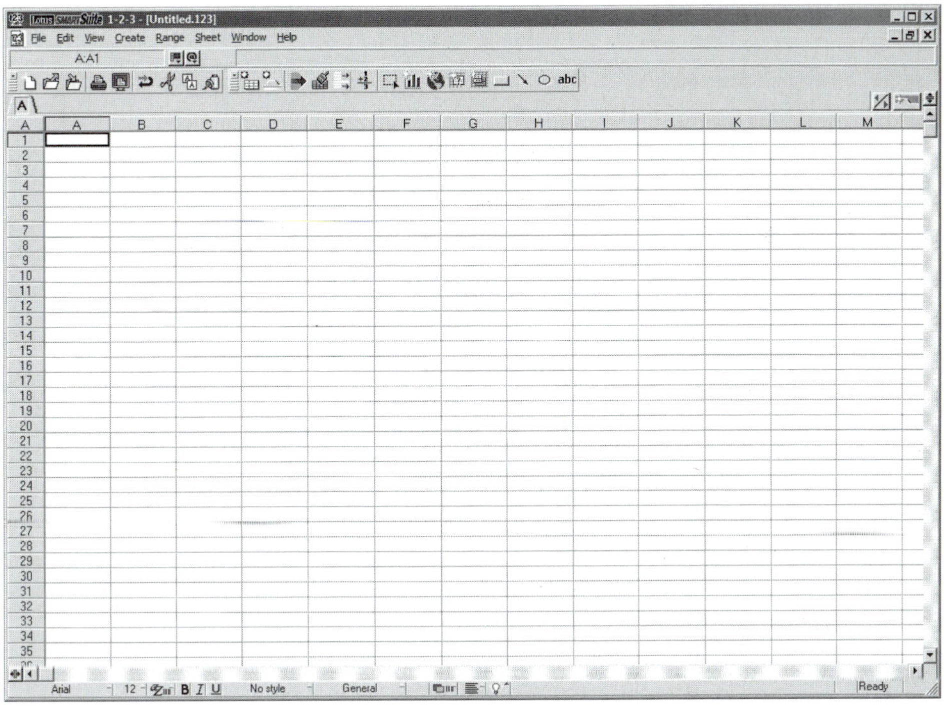

[로터스]

출처: https://en.wikipedia.org/wiki/File:Lotus_1-2-3_9.8_Windows.png

(3) 한셀

한셀은 한컴 오피스에서 제공하는 스프레드시트 프로그램으로, 워드프로세서인 흔글에 비해 인지도가 매우 약하다. 원래 넥스소프트사가 개발한 프로그램으로 한컴오피스 2007 버전까지는 넥셀이라는 명칭을 사용하였으나, 한컴오피스 2010 버전부터는 한셀이라는 이름으로 변경되어 지금에 이르고 있다. 시장 지배적 위치에 있는 엑셀과의 호환성을 높이면서 공공기관을 중심으로 조금씩 사용자를 늘리고 있으며, 사용자 편의성 향상을 위한 업그레이드가 계속되고 있다.

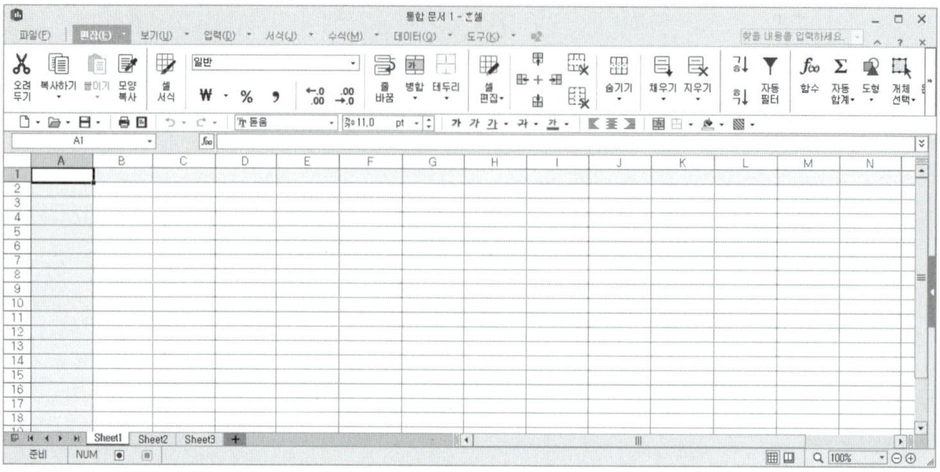

[한셀 NEO]

3) 스프레드시트의 기능

스프레드시트는 자료의 입력, 계산, 차트작성, 자료검색이 가능한 수치계산용 프로그램으로 주요 기능은 다음과 같다.

① 연산기능: 입력된 자료들을 자동으로 빠르고 정확하게 계산하여 필요한 정보를 얻을 수 있다.

② 문서작성기능: 간단한 문서작성 및 편집이 가능하다.

③ 차트작성기능: 막대형, 선형, 원형, 분산형 등 다양한 그래프를 통해 데이터를 시각적으로 표현하여 자료의 이해를 돕는다.

④ 데이터베이스기능: 입력된 자료에서 일정한 조건에 맞는 특정 자료만 찾아내거나 자료를 다양한 방식으로 정렬할 수 있다.

⑤ 매크로(Macro)기능: 매크로는 응용 프로그램에서 자주 사용하는 동작을 하나의 키 입력으로 실행할 수 있게 만드는 것으로, 사용자의 편의성을 높여준다.

4) 스프레드시트 기본 화면 구성(엑셀 2013)

엑셀을 실행하면 나타나는 기본 화면으로, 크게 리본 메뉴, 워크시트, 상태표시줄로 구성되어 있다.

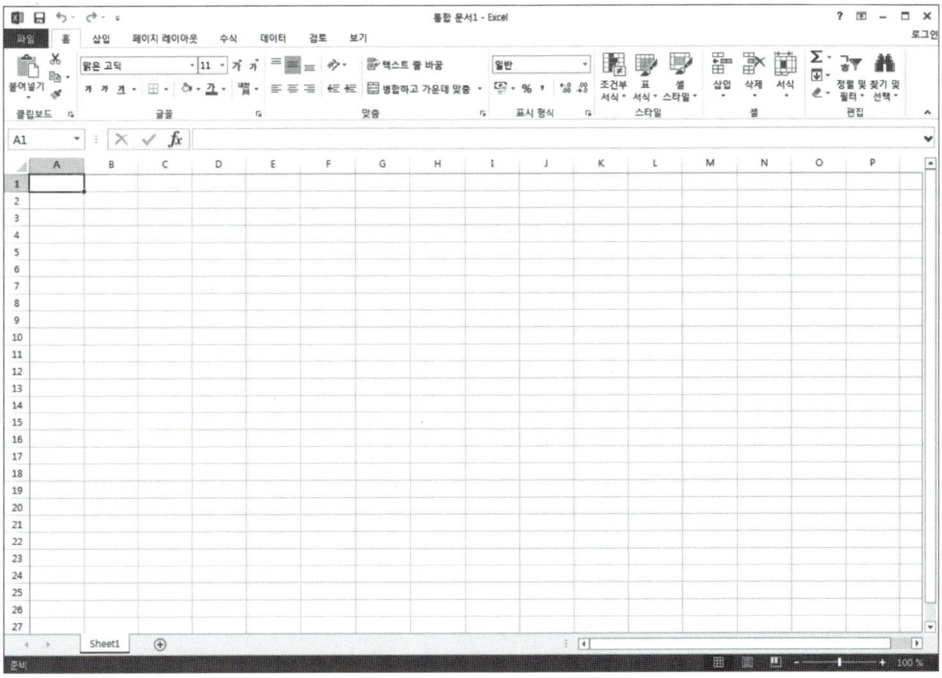

(1) 리본 메뉴

리본 메뉴는 화면 상단의 텍스트와 아이콘을 모아놓은 부분으로 명령을 실행할 수 있다

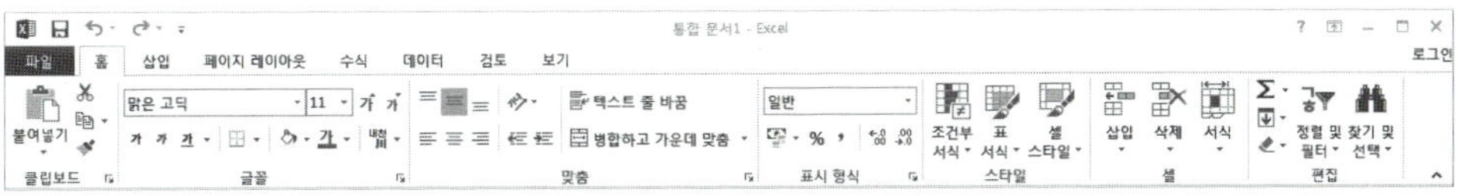

① 파일탭: 파일을 관리하는 메뉴가 모여 있으며 개인 정보를 설정하고 저장, 공유, 인쇄 및 옵션과 관련된 설정을 실행할 수 있다.

② 빠른 실행 도구 모음: 자주 사용하는 기능을 빠르게 실행할 수 있다.

③ 제목 표시줄: 프로그램 이름과 현재 작업 중인 파일의 이름이 표시되며 작업 상태에 따라 [읽기 전용], [호환 모드], [공유], [그룹]이 표시된다.

④ 탭: 비슷한 종류의 명령을 그룹별로 모아놓은 형식이다. 기본 탭 7개가 있다.

⑤ 그룹: 각각의 탭과 관련 있는 기능을 세부적으로 구분해 놓았다.

⑥ 도움말 버튼: 액셀 도움말 창을 연다. 'F1'을 눌러도 된다.

⑦ 리본 메뉴 표시 옵션: 리본 메뉴를 [자동 숨기기], [탭표시], [모두 보이기]로 선택할 수 있어 작업 영역을 넓게 사용할 수 있다.

⑧ 프로그램 창 조절 버튼: 프로그램 창을 최소화/최대화하거나 닫을 때 사용한다.

⑨ 오피스 로그인 버튼: 오피스 라이브 계정으로 로그인하여 스카이드라이브(Sky Drive)에 오피스 문서를 온라인으로 [업로드], [열기], [공유]할 수 있다.

⑩ 리본 메뉴 축소: 리본 메뉴를 축소하여 리본 메뉴 탭만 표시한다.

(2) 워크시트(작업 영역)

워크시트는 모눈종이처럼 보이는 공간이다.

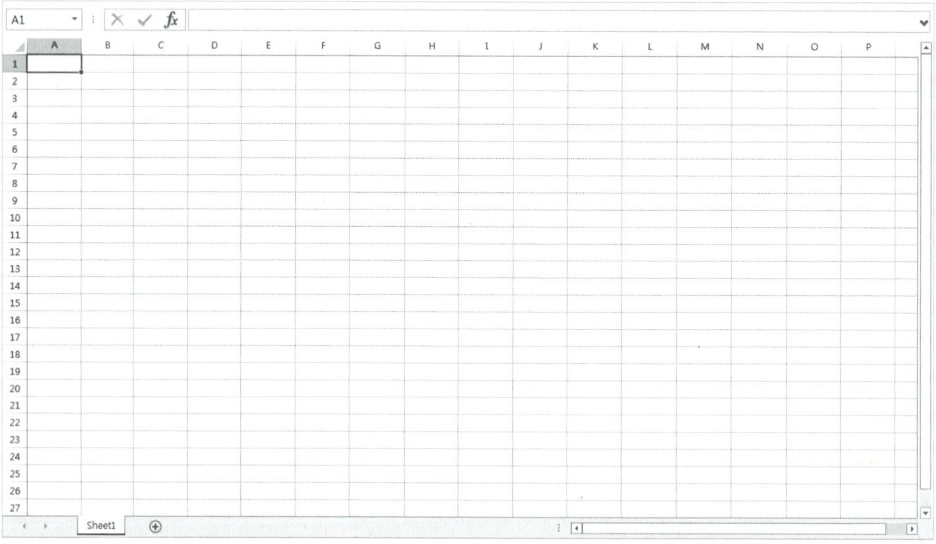

① 이름 상자: 셀 주소와 정보 또는 수식이나 함수 목록이 나타난다.

② 입력 취소: 셀에 입력한 내용을 취소한다. 'Esc'를 누르는 것과 같다.

③ 입력 확정: 셀에 입력한 내용을 확정한다. 'Enter'를 누르는 것과 같다.

④ 함수 삽입: 함수 마법사를 실행하여 함수를 삽입한다.

⑤ 수식 입력줄: 선택한 셀에 입력한 내용이나 수식이 나타나며, 셀 내용을 직접 입력하거나 수정할 수 있다.

⑥ 수식 입력줄 확장/축소: 수식 입력줄을 확장/축소한다.

⑦ 셀: 행과 열이 만나는 격자 형태의 사각형 영역으로 데이터나 수식 등을 입력할 수 있다.

⑧ 셀 포인터: 셀이 선택되었다는 표시로 굵은 테두리가 셀 주위에 표시된다.

⑨ 채우기 핸들: 셀 포인터 오른쪽 아래에 검은 점으로 드래그하면 데이터를 채울 수 있다.

⑩ 열 머리글: 열 이름이 표시되는 곳으로 A~XFD열까지 16,384개의 열이 있다.

⑪ 행 머리글: 행 번호가 표시되는 곳으로 1행부터 1,048,576행까지 있다.

⑫ 시트 탭 이동 버튼: 가려진 시트 탭이 있을 경우, 시트 탭으로 이동하려고 할 때 활성화된다.

⑬ 시트 탭: 현재 통합 문서에 있는 시트와 이름이 표시된다.

⑭ 워크시트 삽입 버튼: 새 워크시트를 삽입할 수 있다.

(3) 상태 표시줄

① 셀 모드: 준비, 입력, 편집 등의 셀 작업 상태를 표시한다

② 표시 영역: 키보드 기능키의 선택 상태를 표시하며, 숫자가 입력된 셀 범위를 지정하면 자동 계산 결과를 표시한다.

③ 보기 바로 가기: 기본, 페이지 레이아웃, 페이지 나누기 미리 보기 등 워크시트 보기 상태를 선택한다.

④ 확대/축소 슬라이드: 확대/축소 버튼을 클릭하여 10% 단위로 확대/축소하거나 조절 바를 드래그하여 확대/축소할 수 있다.

⑤ 확대/축소 비율: [확대/축소]를 지정하는 대화상자를 열어 원하는 배율을 지정한다.

(4) 작업 영역의 기본 구조

① 셀과 셀 주소

모눈종이 형태의 작업 영역에는 가로 행과 세로 열이 교차하여 격자 모양의 직사각형이 넓게 펼쳐져 있다. 이 격자 모양의 직사각형 하나를 셀(Cell)이라고 부른다. 데이터를 입력(저장)할 수 있는 공간으로, 각 셀에는 고유한 주소가 있으며 이것을 셀 주소라고 부른다. 셀 주소는 열 머리글과 행 머리글을 조합해서 만든다. 예를 들면, E열과 7행이 만나는 셀의 주소는 E7이 된다.

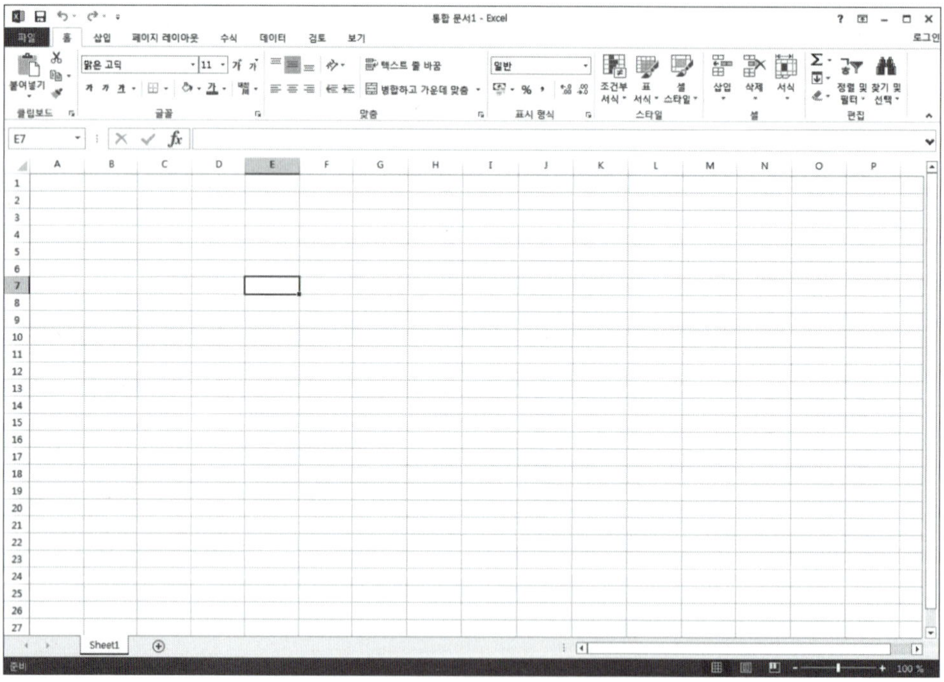

② 워크시트

1,048,576행과 16,384열의 셀이 모여 문서를 만들고 편집하는 공간을 '워크시트'라고 한다. 엑셀을 실행하면 기본으로 Sheet 1 한 개의 워크시트가 생성되며, 총 255개까지 워크시트를 삽입할 수 있다. 각 워크시트의 이름을 수정하거나 탭 색을 수정할 수 있다.

활동

1. 엑셀 2013의 자동 합계 함수를 활용해보자.

1) 합계 구하기

① K5셀을 선택한다. ② [수식]탭에서 [자동합계]-[합계]를 클릭한다.

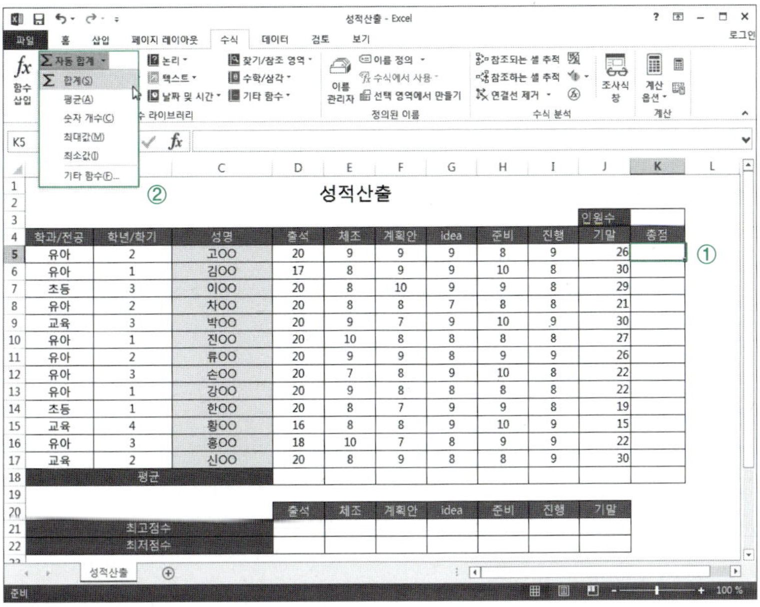

③ 자동으로 D5~J5까지 셀이 선택되면서 SUM 함수가 생성된다.

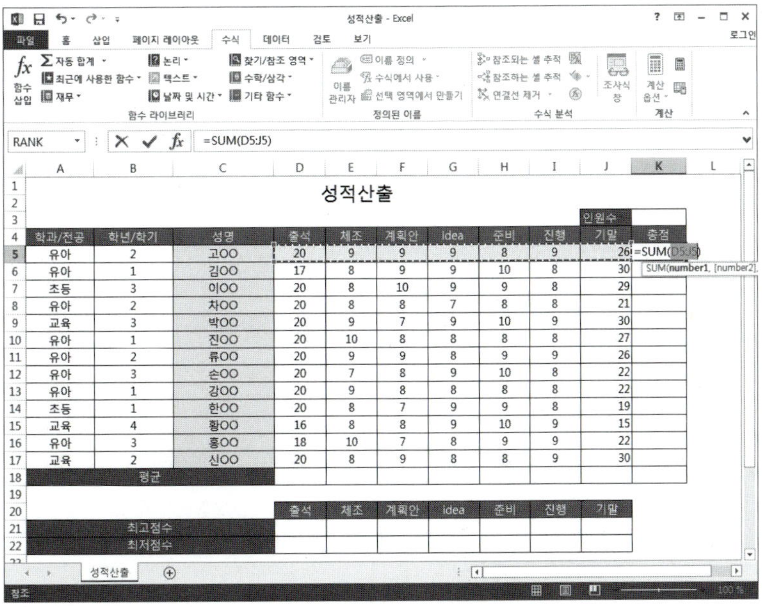

④ K5셀의 채우기 핸들을 K17셀까지 드래그하여 수식을 복사한다.

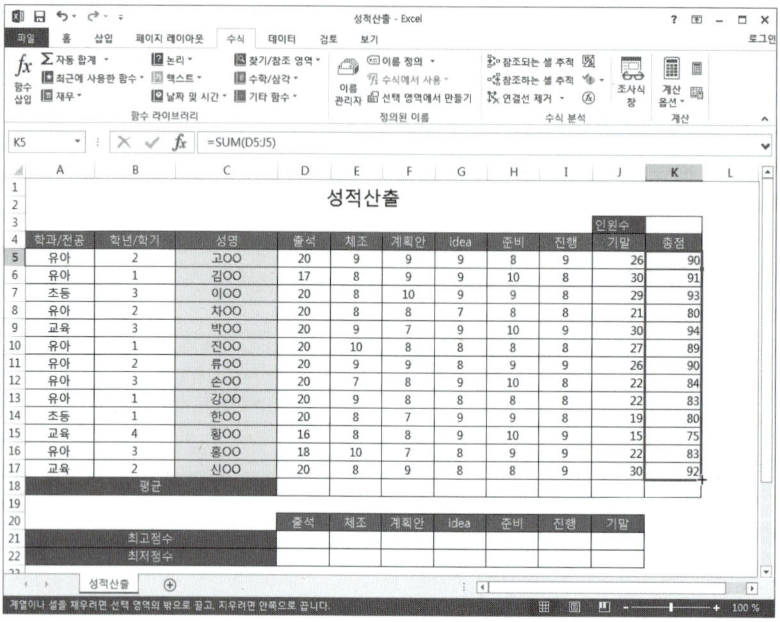

학과/전공	학년/학기	성명	출석	체조	계획안	idea	준비	진행	기말	총점
유아	2	고OO	20	9	9	9	8	9	26	90
유아	1	김OO	17	8	9	9	10	8	30	91
초등	3	이OO	20	8	10	9	9	8	29	93
유아	2	차OO	20	8	8	7	8	8	21	80
교육	3	박OO	20	9	7	9	10	9	30	94
유아	1	진OO	20	10	8	8	8	8	27	89
유아	2	류OO	20	9	9	8	9	9	26	90
유아	3	손OO	20	7	8	9	10	8	22	84
유아	1	강OO	20	9	8	8	8	8	22	83
초등	1	한OO	20	8	7	9	9	8	19	80
교육	4	황OO	16	8	8	9	10	9	15	75
유아	3	홍OO	18	10	7	8	9	9	22	83
교육	2	신OO	20	8	9	8	8	9	30	92

2) 평균 구하기

① D18셀을 선택한다. ② [수식]탭에서 [자동합계]-[평균]을 클릭한다.

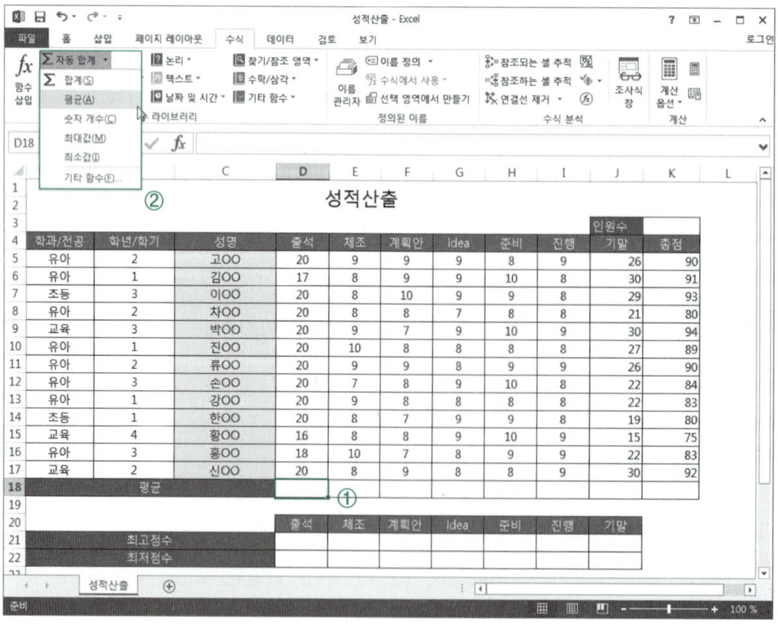

학과/전공	학년/학기	성명	출석	체조	계획안	idea	준비	진행	기말	총점
유아	2	고OO	20	9	9	9	8	9	26	90
유아	1	김OO	17	8	9	9	10	8	30	91
초등	3	이OO	20	8	10	9	9	8	29	93
유아	2	차OO	20	8	8	7	8	8	21	80
교육	3	박OO	20	9	7	9	10	9	30	94
유아	1	진OO	20	10	8	8	8	8	27	89
유아	2	류OO	20	9	9	8	9	9	26	90
유아	3	손OO	20	7	8	9	10	8	22	84
유아	1	강OO	20	9	8	8	8	8	22	83
초등	1	한OO	20	8	7	9	9	8	19	80
교육	4	황OO	16	8	8	9	10	9	15	75
유아	3	홍OO	18	10	7	8	9	9	22	83
교육	2	신OO	20	8	9	8	8	9	30	92

③ 자동으로 D5~D17까지 셀이 선택되면서 AVERAGE 함수가 생성된다.

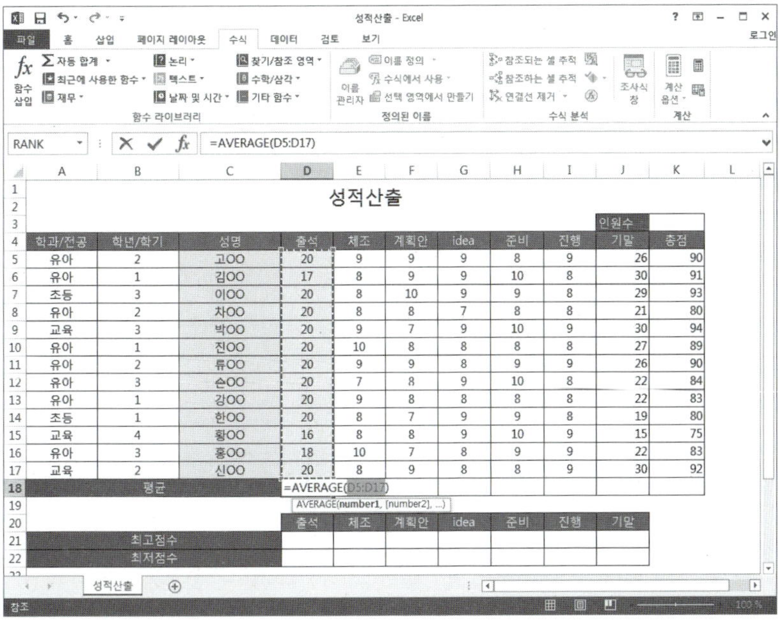

④ D18셀의 채우기 핸들을 K18셀까지 드래그하여 수식을 복사한다.

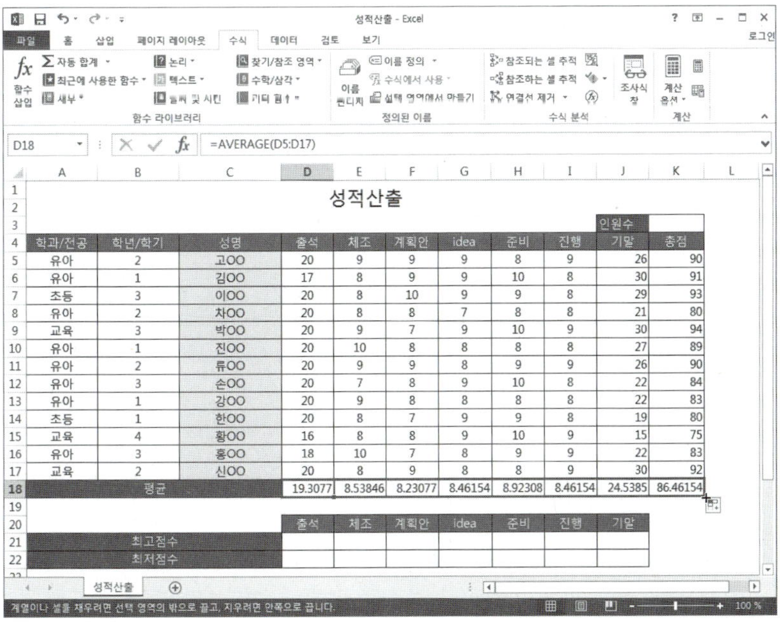

3) 인원 수 구하기

① K3셀을 선택한다. ② [수식]탭에서 [자동합계]-[숫자 개수]를 클릭한다.

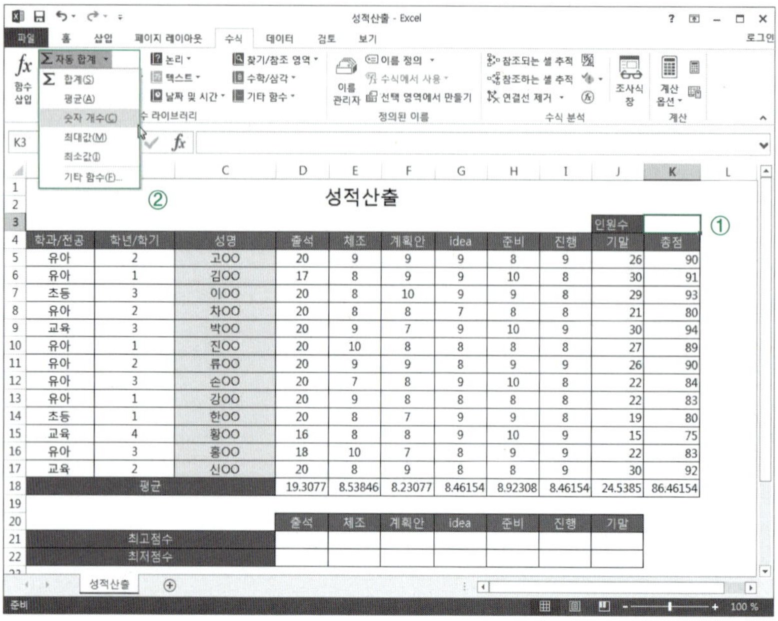

학과/전공	학년/학기	성명	출석	체조	계획안	idea	준비	진행	기말	총점
유아	2	고OO	20	9	9	9	8	9	26	90
유아	1	김OO	17	8	9	9	10	8	30	91
초등	3	이OO	20	8	10	9	9	8	29	93
유아	2	차OO	20	8	8	7	8	8	21	80
교육	3	박OO	20	9	7	9	10	9	30	94
유아	1	진OO	20	10	8	8	8	8	27	89
유아	2	류OO	20	9	9	8	9	9	26	90
유아	3	손OO	20	7	8	9	10	8	22	84
유아	1	강OO	20	9	8	8	8	8	22	83
초등	1	한OO	20	8	7	9	9	8	19	80
교육	4	황OO	16	8	8	9	10	9	15	75
유아	3	홍OO	18	10	7	8	9	9	22	83
교육	2	신OO	20	8	9	8	8	9	30	92
평균			19.3077	8.53846	8.23077	8.46154	8.92308	8.46154	24.5385	86.46154

	출석	체조	계획안	idea	준비	진행	기말
최고점수							
최저점수							

③ K5~K17까지 드래그한 후 Enter↵ 키를 누르면 COUNT 함수가 생성되면서 인원 수 13이 나타난다.

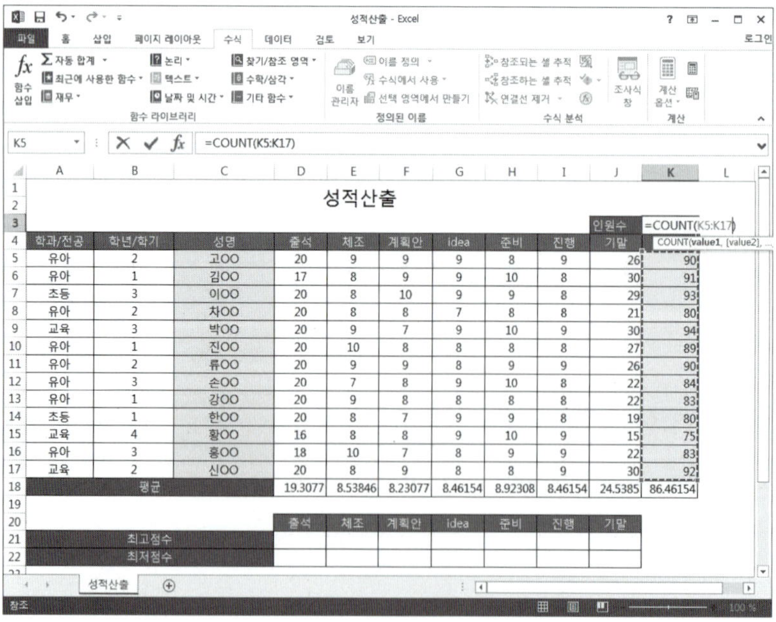

학과/전공	학년/학기	성명	출석	체조	계획안	idea	준비	진행	기말	총점
유아	2	고OO	20	9	9	9	8	9	26	90
유아	1	김OO	17	8	9	9	10	8	30	91
초등	3	이OO	20	8	10	9	9	8	29	93
유아	2	차OO	20	8	8	7	8	8	21	80
교육	3	박OO	20	9	7	9	10	9	30	94
유아	1	진OO	20	10	8	8	8	8	27	89
유아	2	류OO	20	9	9	8	9	9	26	90
유아	3	손OO	20	7	8	9	10	8	22	84
유아	1	강OO	20	9	8	8	8	8	22	83
초등	1	한OO	20	8	7	9	9	8	19	80
교육	4	황OO	16	8	8	9	10	9	15	75
유아	3	홍OO	18	10	7	8	9	9	22	83
교육	2	신OO	20	8	9	8	8	9	30	92
평균			19.3077	8.53846	8.23077	8.46154	8.92308	8.46154	24.5385	86.46154

	출석	체조	계획안	idea	준비	진행	기말
최고점수							
최저점수							

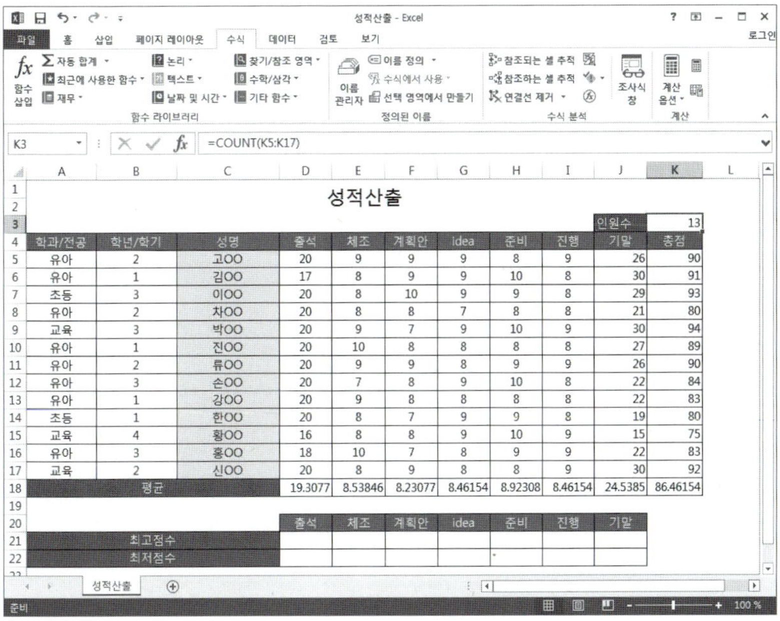

4) 최고점수 구하기

① D21셀을 선택한다. ② [수식]탭에서 [자동합계]-[최대값]을 클릭한다.

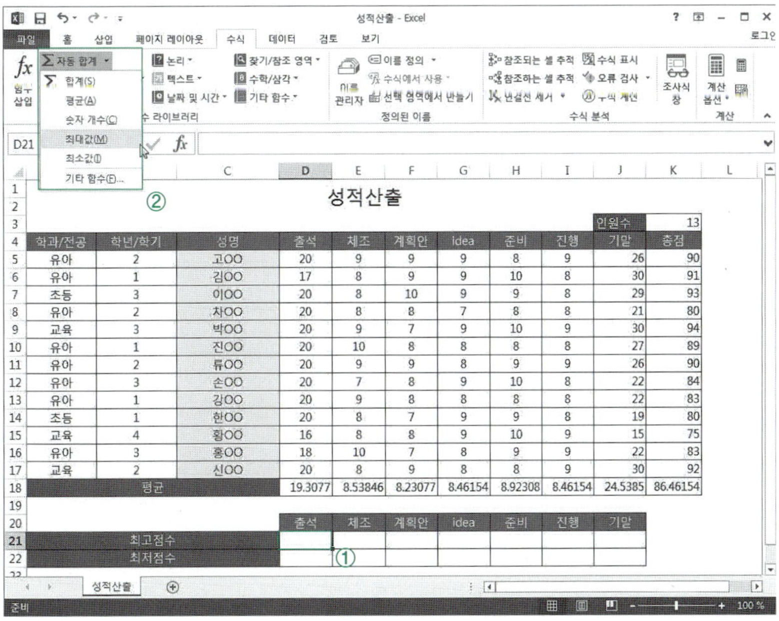

③ D5~D17까지 드래그한 후 Enter↵키를 누르면 MAX 함수가 생성된다.

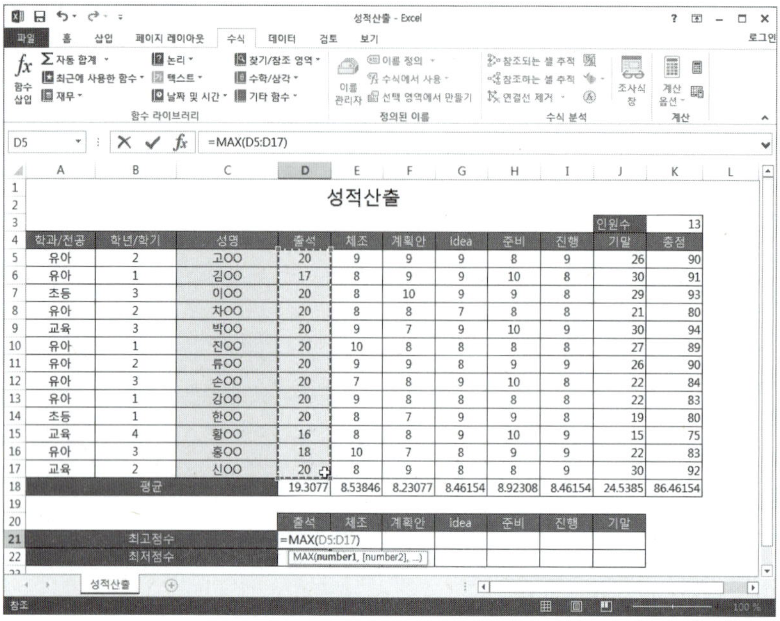

성적산출

학과/전공	학년/학기	성명	출석	체조	계획안	idea	준비	진행	기말	총점
									인원수	13
유아	2	고OO	20	9	9	9	8	9	26	90
유아	1	김OO	17	8	9	9	10	8	30	91
초등	3	이OO	20	8	10	9	9	8	29	93
유아	2	차OO	20	8	8	7	8	8	21	80
교육	3	박OO	20	9	7	9	10	9	30	94
유아	1	진OO	20	10	8	8	8	8	27	89
유아	2	류OO	20	9	9	8	9	9	26	90
유아	3	손OO	20	7	8	9	10	8	22	84
유아	1	강OO	20	9	8	8	8	8	22	83
초등	1	한OO	20	8	7	9	9	8	19	80
교육	4	황OO	16	8	8	9	10	9	15	75
유아	3	홍OO	18	10	7	8	9	9	22	83
교육	2	신OO	20	8	9	8	8	9	30	92
평균			19.3077	8.53846	8.23077	8.46154	8.92308	8.46154	24.5385	86.46154

	출석	체조	계획안	idea	준비	진행	기말
최고점수	=MAX(D5:D17)						
최저점수							

④ D21셀의 채우기 핸들을 J21셀까지 드래그하여 수식을 복사한다.

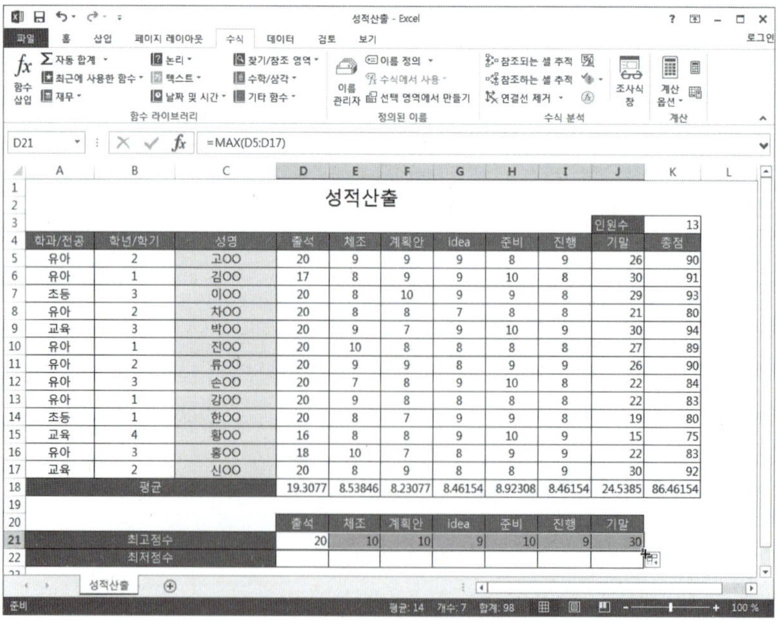

성적산출

학과/전공	학년/학기	성명	출석	체조	계획안	idea	준비	진행	기말	총점
									인원수	13
유아	2	고OO	20	9	9	9	8	9	26	90
유아	1	김OO	17	8	9	9	10	8	30	91
초등	3	이OO	20	8	10	9	9	8	29	93
유아	2	차OO	20	8	8	7	8	8	21	80
교육	3	박OO	20	9	7	9	10	9	30	94
유아	1	진OO	20	10	8	8	8	8	27	89
유아	2	류OO	20	9	9	8	9	9	26	90
유아	3	손OO	20	7	8	9	10	8	22	84
유아	1	강OO	20	9	8	8	8	8	22	83
초등	1	한OO	20	8	7	9	9	8	19	80
교육	4	황OO	16	8	8	9	10	9	15	75
유아	3	홍OO	18	10	7	8	9	9	22	83
교육	2	신OO	20	8	9	8	8	9	30	92
평균			19.3077	8.53846	8.23077	8.46154	8.92308	8.46154	24.5385	86.46154

	출석	체조	계획안	idea	준비	진행	기말
최고점수	20	10	10	9	10	9	30
최저점수							

5) 최저점수 구하기

① D22셀을 선택한다. ② [수식]탭에서 [자동합계]-[최소값]을 클릭한다.

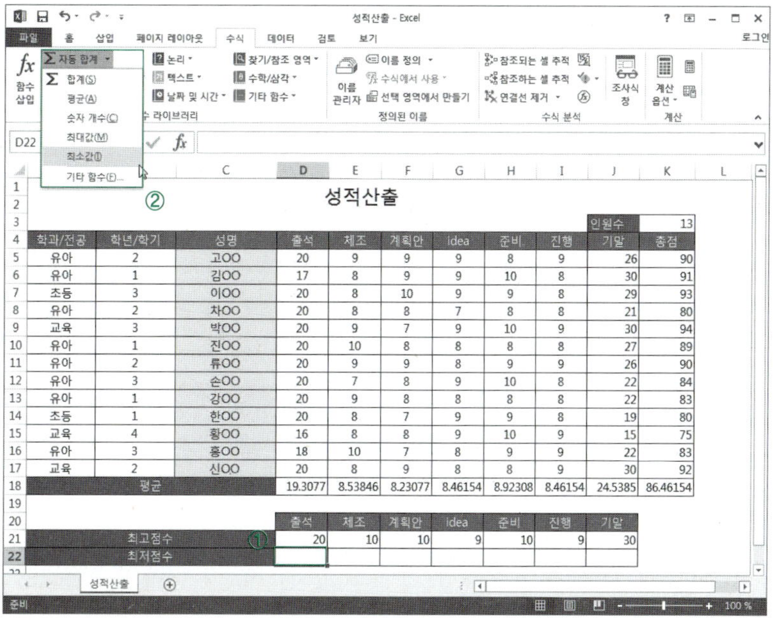

③ D5~D17까지 드래그한 후 Enter↵키를 누르면 MIN 함수가 생성된다.

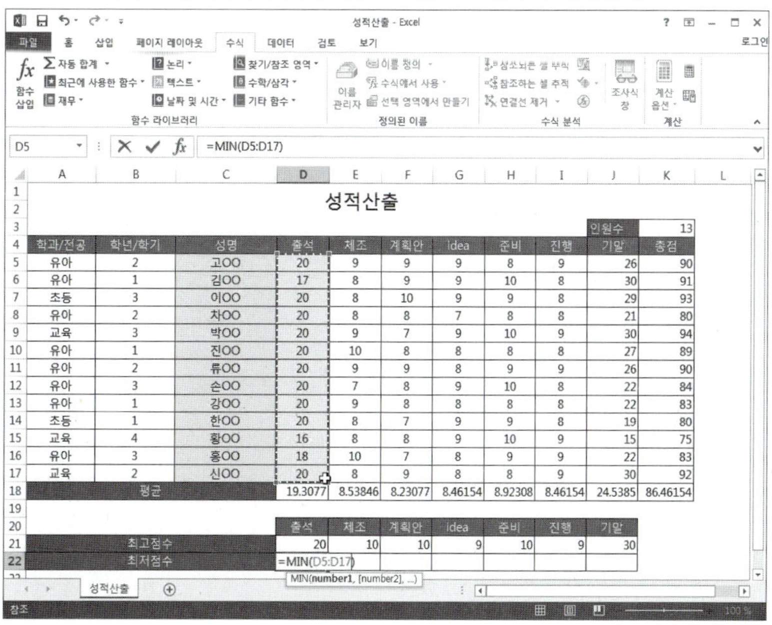

④ D22셀의 채우기 핸들을 J22셀까지 드래그하여 수식을 복사한다.

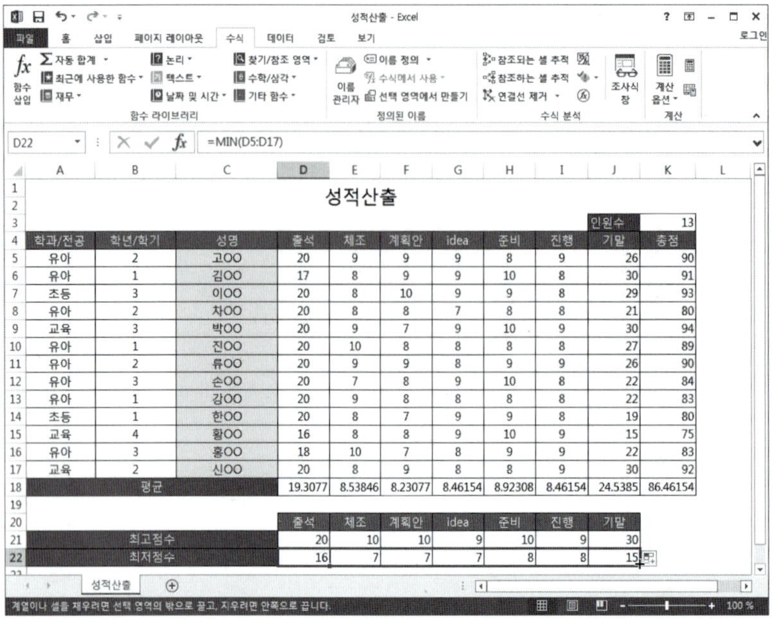

D22 =MIN(D5:D17)

	성적산출									
									인원수	13
학과/전공	학년/학기	성명	출석	체조	계획안	idea	준비	진행	기말	총점
유아	2	고OO	20	9	9	9	8	9	26	90
유아	1	김OO	17	8	9	9	10	8	30	91
초등	3	이OO	20	8	10	9	9	8	29	93
유아	2	차OO	20	8	8	7	8	8	21	80
교육	3	박OO	20	9	7	9	10	9	30	94
유아	1	진OO	20	10	8	8	8	8	27	89
유아	2	류OO	20	9	9	8	9	9	26	90
유아	3	손OO	20	7	8	9	10	8	22	84
유아	1	강OO	20	9	8	8	8	8	22	83
초등	1	한OO	20	8	7	9	9	8	19	80
교육	4	황OO	16	8	8	9	10	9	15	75
유아	3	홍OO	18	10	7	8	9	9	22	83
교육	2	신OO	20	8	9	8	8	9	30	92
평균			19.3077	8.53846	8.23077	8.46154	8.92308	8.46154	24.5385	86.46154
			출석	체조	계획안	idea	준비	진행	기말	
최고점수			20	10	10	9	10	9	30	
최저점수			16	7	7	7	8	8	15	

3. 프레젠테이션

1) 프레젠테이션이란?

프레젠테이션이란 말은 사전적 의미로 '발표, 소개, 표현' 등을 의미하는데, 일반적으로 '자신의 의견, 아이디어, 경험, 노하우 등 제반 정보를 상대에게 전달하거나 설득하는 모든 행위'를 가리킨다. 대학 강의에서부터 회사에서의 발표에 이르기까지 다양한 분야에서 프레젠테이션이 이루어지고 있으며, 최근에는 정보통신기술이 나날이 발전하면서 청중에게 효과적인 정보의 전달과 이해를 돕고자 다양한 프레젠테이션 프로그램들을 활용하고 있다.

2) 프레젠테이션 프로그램의 종류

프레젠테이션 프로그램은 보고, 회의, 상담, 교육 등에서 정보를 전달하는 데 널리 활용되는 것으로, 대표적인 프레젠테이션 프로그램으로는 파워포인트, 프레지, 키노트, 한쇼 등이 있다.

(1) 파워포인트

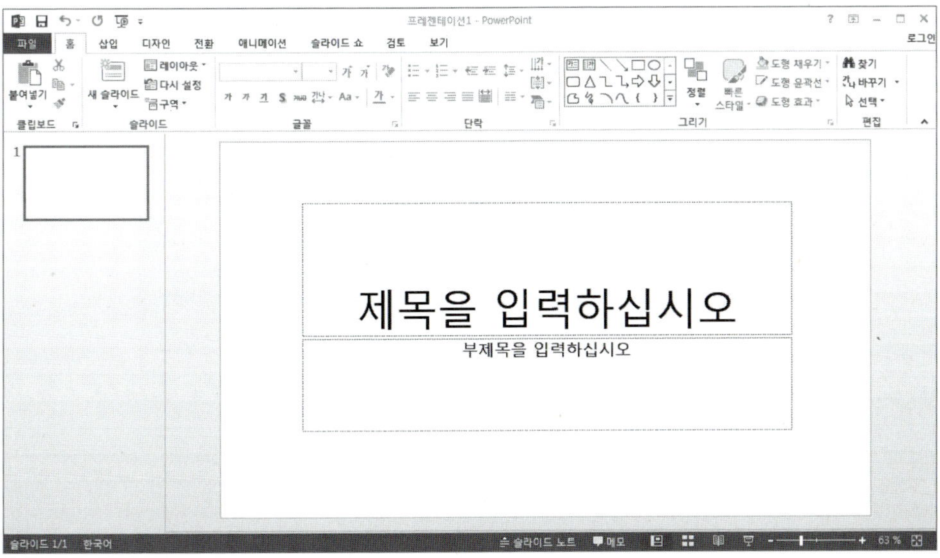

[마이크로소프트 파워포인트]

마이크로소프트사의 오피스군에 포함된 프로그램으로 현재 파워포인트 2016 버전까지 출시되었으며, 윈도우와 함께 맥 OS에서도 사용이 가능하다. 글자나 그림, 동영상 삽입, 하이퍼링크 등 프레젠테이션을 위한 기본적인 기능 외에도 다양한 애니메이션과 효과음, 화면전환 효과 등을 제공하며 국내뿐만 아니라 세계에서 가장 많은 사람들이 사용하는 프레젠테이션 프로그램이다. 기본 확장자는 .pptx이다.

(2) 프레지

프레지(Prezi)사에서 제공하는 프레지는 기존의 슬라이드 형식을 벗어나 줌인, 줌아웃이라는 색다른 형태의 프레젠테이션 제공하는 프로그램이다. 무한 확장이 가능한 한 장의 캔버스 위에 프레젠테이션에 필요한 모든 정보를 입력하고 이동경로를 설정하여 상하좌우, 확대, 축소의 방법으로 프레젠테이션을 실행할 수 있다. 프레지는 웹사이트(www.prezi.com)에서 무료 또는 유료 사용자로 가입하여 웹 상에서 직접 작업 및 실행할 수 있으며, Prezi Desktop을 설치하면 오프라인에서도 작업이 가능하다.

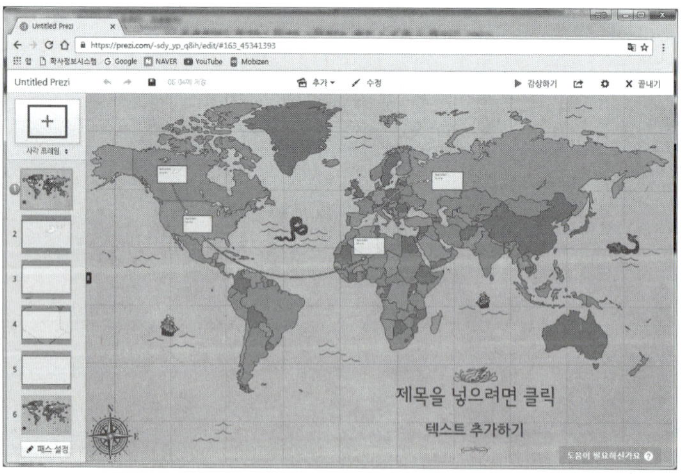

[프레지]

(3) 키노트

애플사에서 개발한 키노트(Keynote)는 아이워크(iWork) 오피스 프로그램의 하나로, 최신 버전은 아이워크 13에 포함된 키노트 6이다. 애플 CEO 스티브 잡스가 맥월드 엑스포 기조연설에서 사용하기 위해 만들었으며 이후 신제품 발표회에서 언제나 키노트를 사용하면서 더욱 유명해졌다. 키노트는 심플한 이미지와 내용으로 강력한 인상을 남기고 싶거나 여러 아이디어를 가지고 보다 참신하게 프레젠테이션을 하고자 할 때 효과적이다. 다만 키노트는 애플사에서 개발한 맥OS에서만 제작이 가능하며, 마이크로소프트사의 윈도우가 설치된 PC에서는 사용이 어려운 단점이 있다.

[키노트]

*출처: http://wassupdude.tistory.com/619

(4) 한쇼

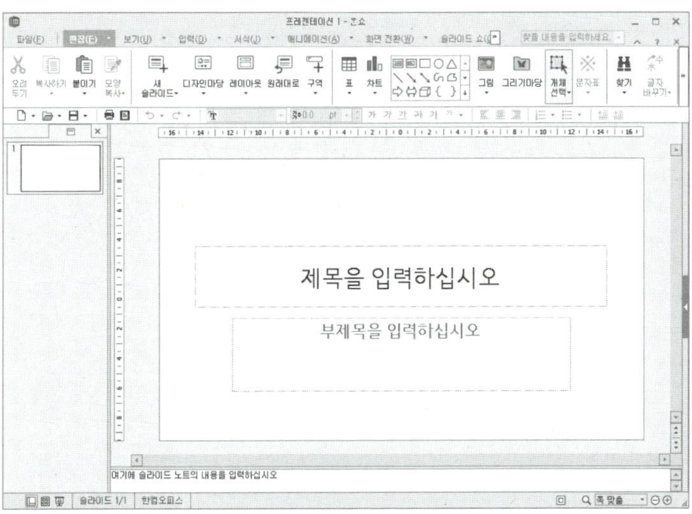

[한컴오피스 NEO 한쇼]

한쇼는 한글과 컴퓨터사에서 개발한 프레젠테이션 프로그램으로, 한컴오피스 2004부터 '한컴 슬라이드'라는 이름으로 추가된 이후 한컴오피스 2010부터 한쇼로 이름이 바뀌 지금에 이르고 있다. 마이크로소프트사의 파워포인트와 호환이 가능하여 파일을 열고 저장할 수 있으며, 보다 많은 디자인 서식과 애니메이션 효과를 제공한다. 또한 슬라이드 미리보기, 실시간 효과, 스포트라이트 포인터, 스탬프 기능 등 다양한 슬라이드 쇼 기능을 통해 효과적인 프레젠테이션을 가능하게 한다. 기본확장자는 .show이다.

3) 프레젠테이션 프로그램의 기본 화면 구성(파워포인트 2013)

각각의 프레젠테이션 프로그램 마다 특징이 있고 사용법에 차이점을 보이지만, 파워포인트가 국내에서 가장 많은 사용자를 가지고 있는 만큼 쉽게 접하고 사용할 수 있는 프로그램이므로, 파워포인트 2013을 통해 프레젠테이션 프로그램의 화면 구성에 대해 살펴보자.

(1) 기본 화면 구성

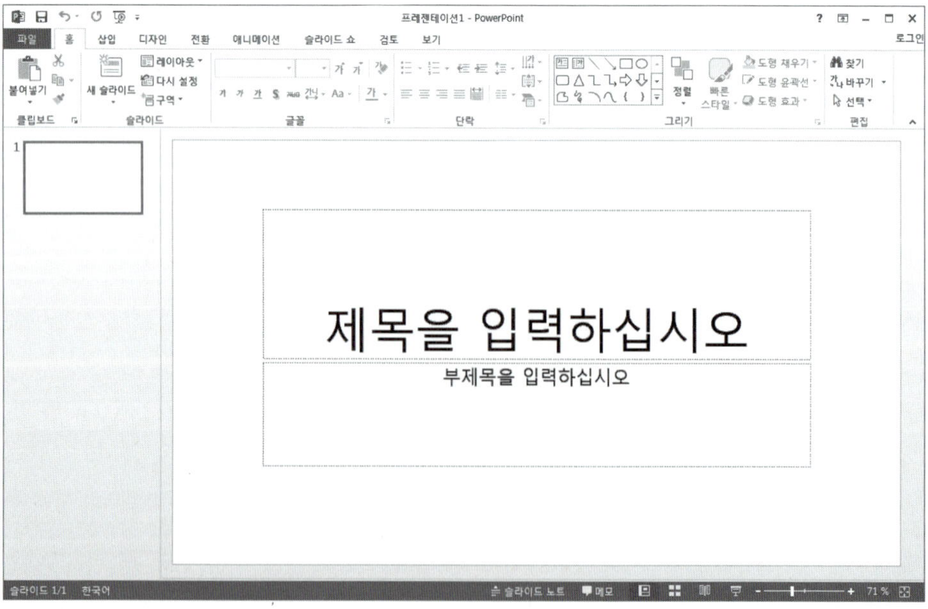

① 빠른 실행 도구 모음: 사용자가 자주 사용하는 명령을 모아놓은 도구함이다. 사용자가 필요에 따라 명령을 추가 또는 삭제할 수 있다. 파워포인트 2013에는 기본적으로 저장, 실행 취소, 다시 실행, 처음부터 시작 명령이 있다.

② 제목 표시줄: 프로그램 이름과 현재 편집 중인 문서의 이름이 나타난다.

③ 도움말 버튼: 파워포인트 도움말 창이 열린다. 'F1'을 눌러도 된다.

④ 리본 메뉴 표시 옵션: 리본 메뉴 자동 숨기기, 탭 표시, 탭 및 명령 표시가 가능하다.

⑤ 프로그램 창 조절 버튼: 파워포인트 창을 최소화, 최대화하거나 닫을 때 사용한다.

⑥ 사용자 이름 및 사진: 로그인 사용자 이름이나 사진 부분을 클릭하면 나타나는 메뉴에서 [계정 설정]을 누른다. 사용자 정보에서 원하는 부분을 클릭한 후 정보를 변경한다.

⑦ 리본 메뉴: 슬라이드를 작성할 때 필요한 각종 명령을 기능별로 구분해서 탭 형태로 모아놓은 것이다. 탭은 기본적으로 파일, 홈, 디자인, 전환, 애니메이션, 슬라이드 쇼, 검토, 보기로 구성되어 있다. 슬라이드에 개체를 선택하거나 그림이나 표 같은 요소를 삽입하면 상황별 탭이 자동으로 나타난다.

⑧ 슬라이드 축소판 창: 열려 있는 파워포인트 파일의 각 슬라이드가 작은 그림으로 나타난다.

⑨ 슬라이드 창: 슬라이드를 편집하는 작업 영역으로 도형, 텍스트, 차트, 표 등의 개체를 삽입하고 편집한다.

(2) 상태 표시 및 화면 보기

① 상태 표시줄: 현재 편집 중인 슬라이드 번호 및 입력 언어를 표시해준다.

② 슬라이드 노트 버튼: 슬라이드 노트 버튼을 클릭하면 슬라이드 창 아래에 슬라이드 노트 창이 열린다. 감추려면 다시 슬라이드 노트 창 버튼을 클릭하면 된다.

③ 메모 버튼: 메모 버튼을 클릭하면 화면 오른쪽에 메모 작업 창이 나타나며, 새로 만들기 버튼을 클릭하여 원하는 메모를 추가한다.

④ 화면 보기 버튼: 기본, 여러 슬라이드, 읽기용 보기, 슬라이드 쇼 보기로 원하는 대로 화면 보기를 변경하여 작업할 수 있다.

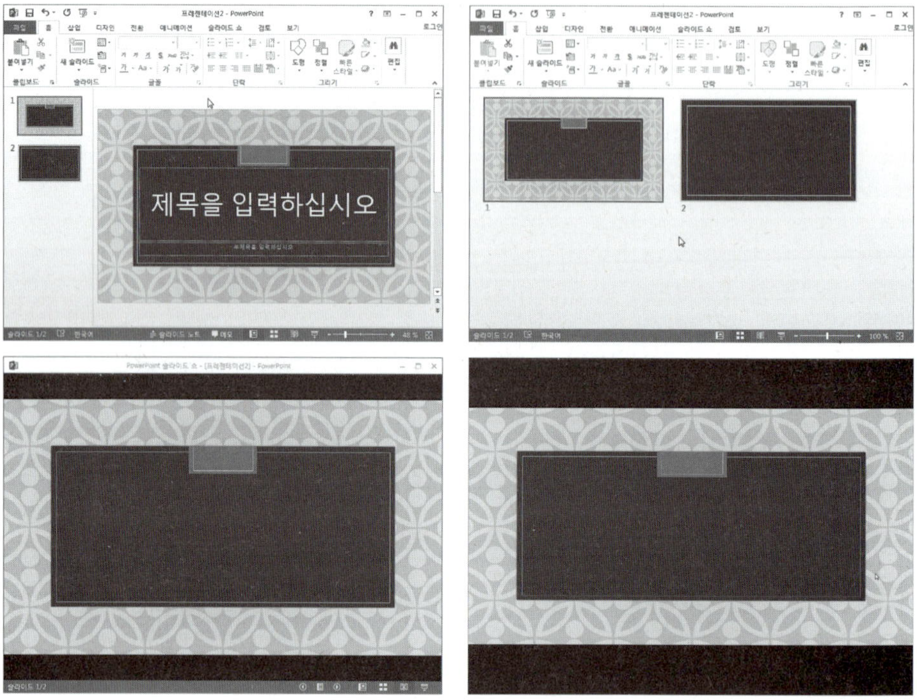

⑤ 확대/축소: [−]버튼을 클릭하면 화면이 축소하고, [+]버튼을 클릭하면 화면이 확대된다. 조절 바를 드래그하여 조정할 수도 있다.

⑥ 현재 창 크기에 맞춤: 슬라이드 크기를 현재 창 크기에 최대한 적합하게 맞춘다.

⑦ 작업 창: 이전 버전에서는 대화상자를 통해 작업했던 것을 파워포인트 2013에서는 오른쪽에 있는 작업 창에서 작업할 수 있다.

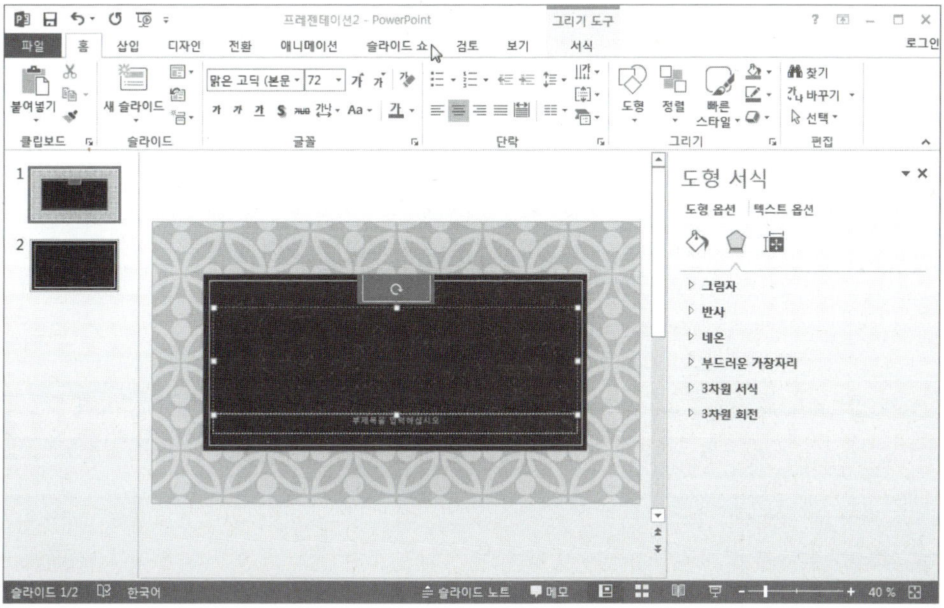

사례

스티브 잡스 등장… 환상의 PT '주목'

애플의 최고경영책임자(CEO) 스티브 잡스는 첫 클라우드 서비스 '아이클라우드' 프레젠테이션을 통해 'PT의 귀재'라는 명성을 유감없이 발휘했나. 6일(현지시긴) 미국 샌프란시스코 모스콘센터에서 열린 세계 개발자회의(WWDC)에서 잡스는 어려운 운영체제에 대한 설명을 직관적으로 풀어내며 전 세계의 시선을 사로잡았다.

행사 시작 시각인 10시 즈음, 현대적 감각이 물씬 풍기는 경음악이 계속 이어지는가 싶더니 느닷없이 제임스 브라운의 'I feel good'이 터져나오며 분위기가 반전됐다. 이어 행사장을 가득 메운 개발자 5천여명의 환호성과 함께 청바지와 검은색 티셔츠를 입은 스티브 잡스가 천천히 무대 위로 등장했다. 그는 "이번 WWDC 티켓은 2시간도 채 되지 않아 매진되는 기록을 세웠다"면서 "이번 행사에는 5천 200여 명이 참여했으며 총 120개 세션과 1천 명의 애플 엔지니어가 참여한다"고 WWDC를 소개했다. 그는 "우리는 티켓을 더 팔 수 있었다. 지금 이곳이 우리가 마련할 수 있는 가장 큰 공간이라는 사실이 안타까울 뿐"이라며 농담을 건네 개발자들의 웃음을 터뜨리기도 했다.

키노트의 세 가지 주제를 소개하며 잠시 무대에서 사라진 잡스는 마지막 아이클라우드 발표에 직접 나서 개발자들의 이목을 집중시켰다. 운영체제(OS)인 iOS와 OS X 라이언의 내용도 쉽지 않았지만, 클라우드 서비스는 IT에 대한 상식이 부족한 일반인에게는 더욱 생소한 내용이다. 특히 iOS와 OS X 라이언의 설명은 추가기능을 병렬식으로 열거하면서 설명할 수 있었지만, 아이클라우드는 전체적인 개념에 대한 설명이 필수적이었기 때문에 지난해보다 지루하고 복잡한 발표가 될 것이라는 우려도 없지 않았다.

그러나 잡스는 이 같은 우려를 비웃기라도 하는 듯 명쾌한 단어 구사와 직관적인 이미지를 활용한 프레젠테이션으로 아이클라우드를 알기 쉽게 풀어나갔다. 그가 아이클라우드를 설명하기 위해 사용한 이미지는 클라우드를 상징하는 구름 아이콘과 그 밑에 나열된 아이폰, 아이패드, 아이팟터치, 맥 등 다섯 개가 전부였다. 그는 간단한 이미지에 약간의 제스처를 더해 어려운 클라우드 개념을 완벽하게 설명해냈다.

출처: 연합뉴스, 2011. 6. 7.

활동

1. 파워포인트 2013을 이용하여 프레젠테이션을 해보자.

1) 개체 틀에 텍스트 입력하기

① 1번 슬라이드에서 표지 제목 입력 개체 틀을 선택하고, '나의 첫 프레젠테이션'이라고 입력한다.

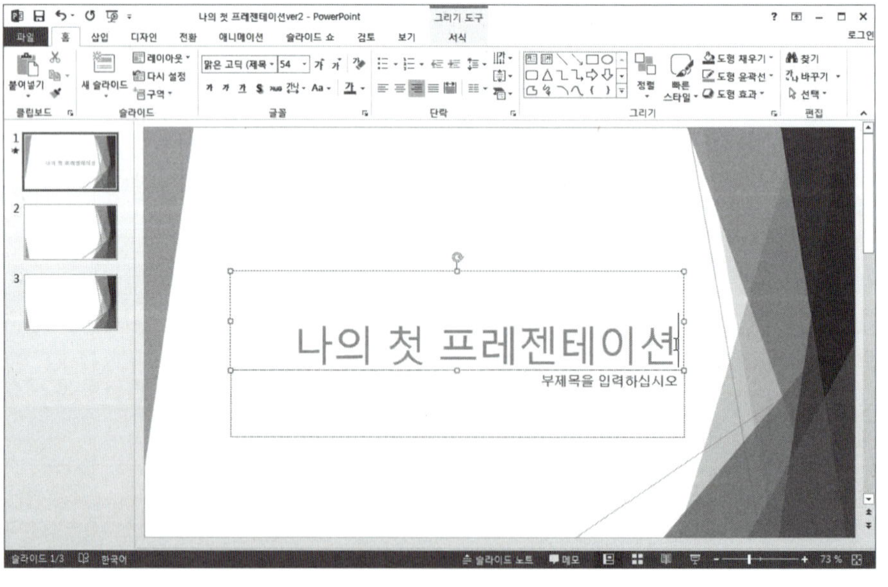

2) PC에 저장된 그림 삽입하기

① [삽입]탭 – [이미지] 그룹에서 [그림]을 클릭한다.

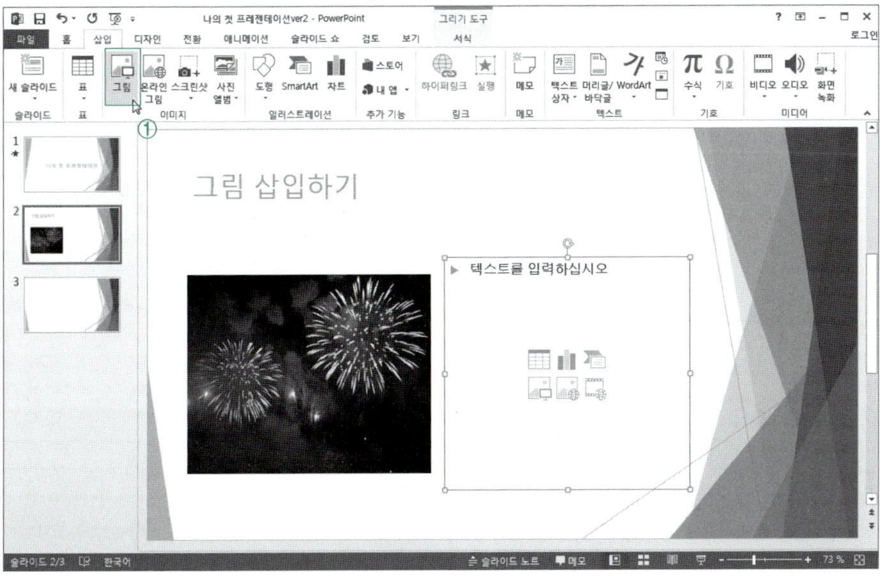

② [그림 삽입] 창에서 삽입하려는 그림을 클릭 후 [삽입]을 누른다.

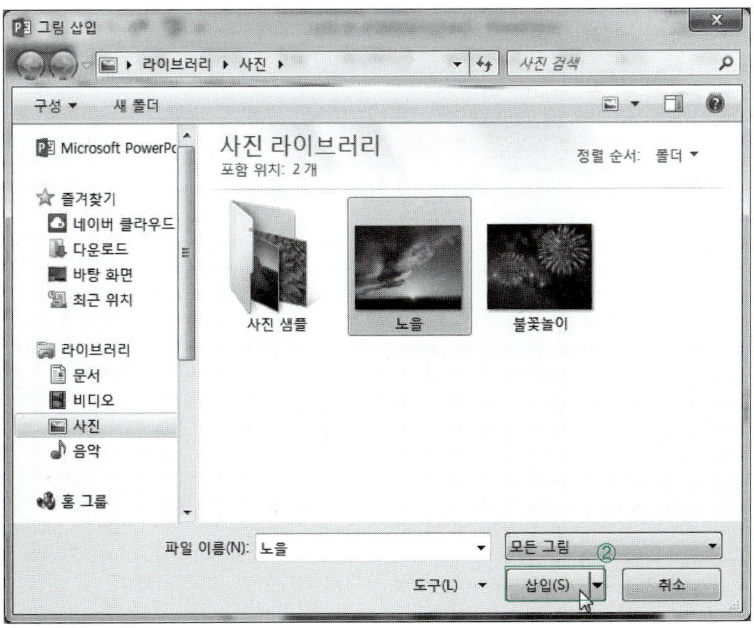

3) YouTube 동영상 삽입하기

① [삽입]탭 – [비디오] 그룹에서 [온라인 비디오]를 클릭한다.

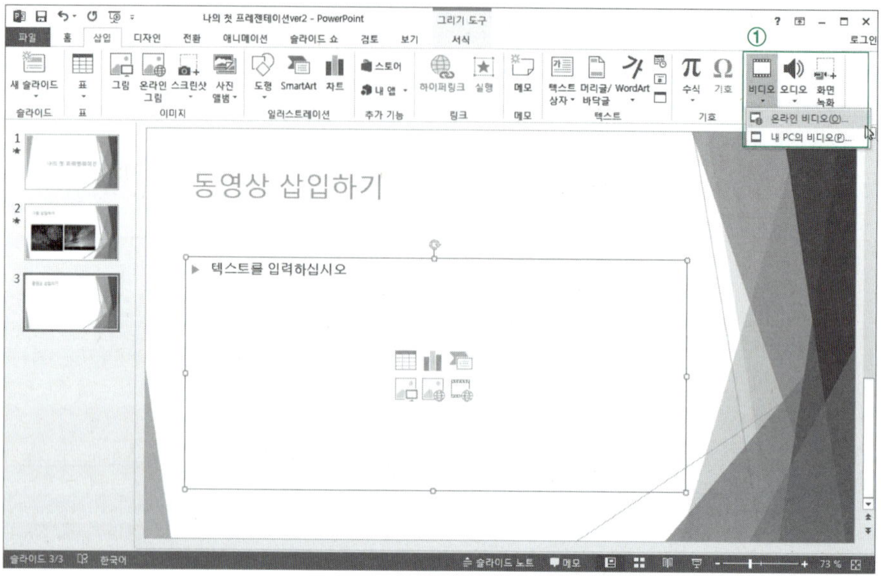

② [비디오 삽입] 창에서 삽입하려는 동영상을 검색한다.

③ 삽입하려는 동영상을 클릭한 후 삽입을 누른다.

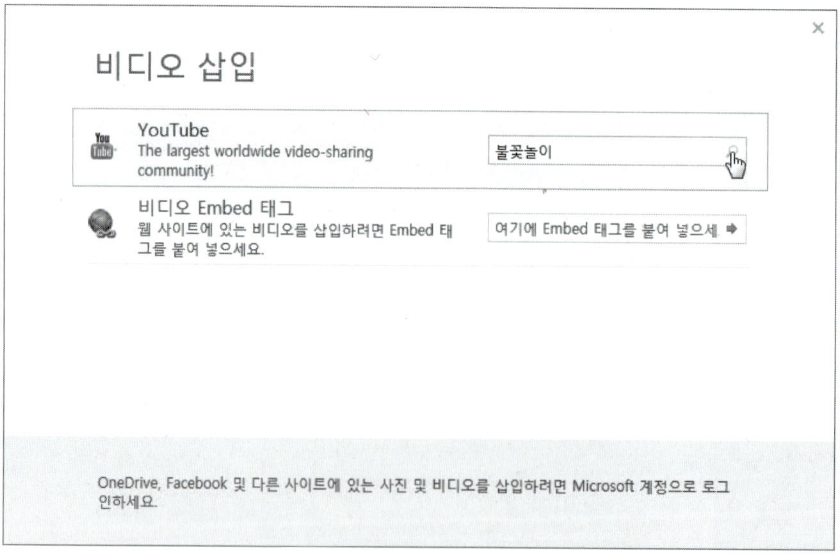

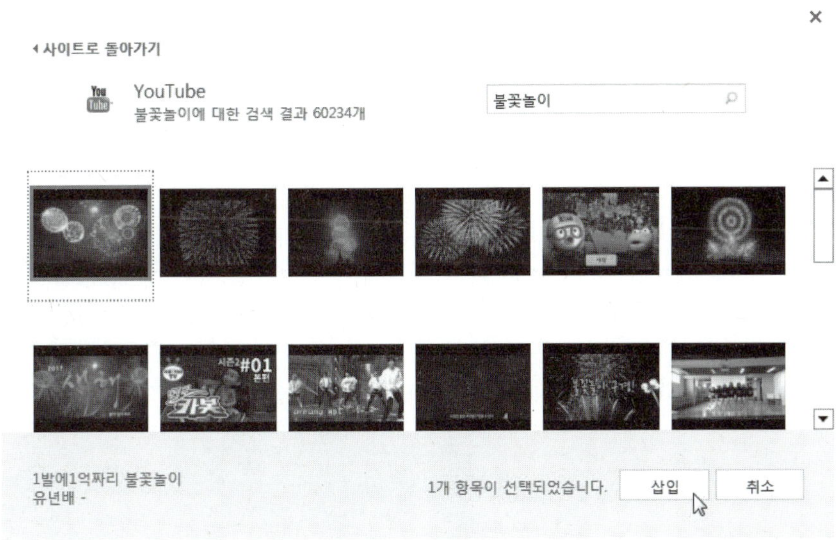

④ 삽입된 동영상을 마우스로 크기와 위치를 조정하고 더블 클릭하여 바르게 재생되는지 확인한다.

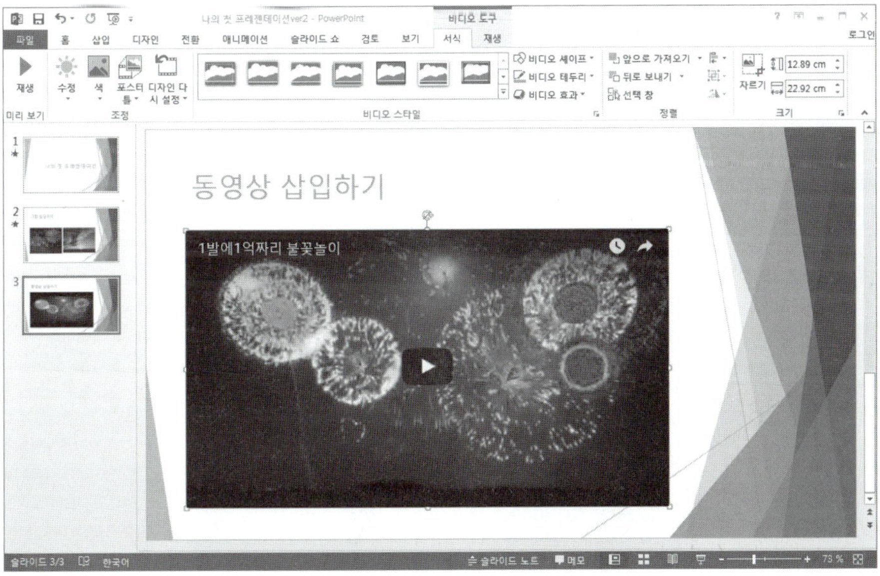

4) 애니메이션 적용하기

① 텍스트를 선택하고 [애니메이션] 탭-[애니메이션] 그룹에서 [자세히]를 클릭한다.

② 나타나는 애니메이션 목록에서 [나타내기]-[날아오기]를 선택한다.

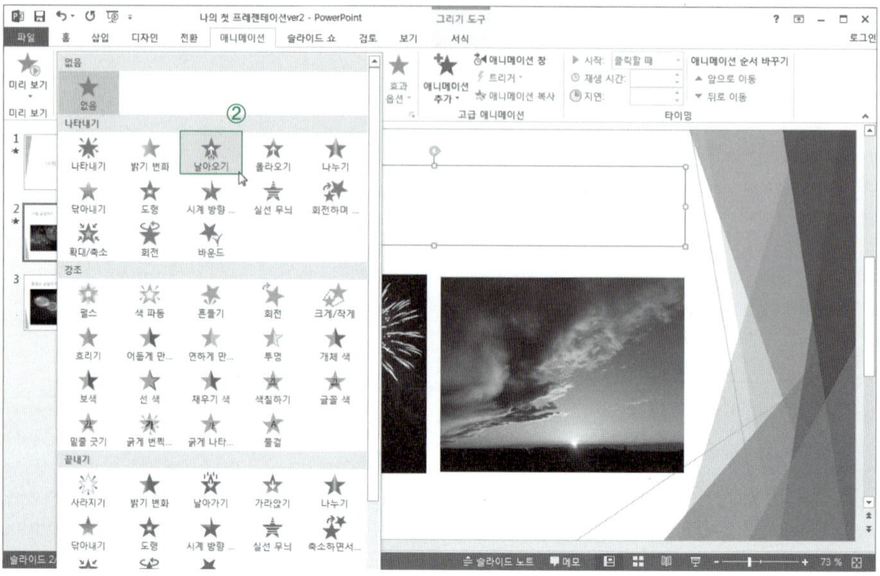

③ 날아오기 애니메이션의 방향을 변경하기 위해 텍스트를 선택한 후 [애니메이션] 탭-[애니메이션] 그룹에서 [효과 옵션]을 클릭한다.

④ [왼쪽에서]를 선택한다.

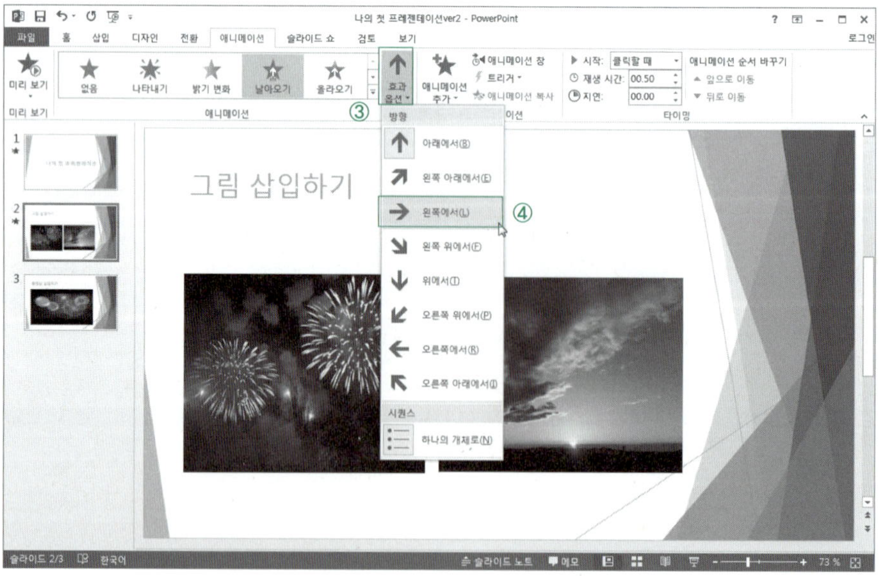

⑤ ‘Ctrl’이나 ‘Shift’를 누른 상태에서 두 개의 사진 개체를 선택한 후 [애니메이션] 탭 –[애니메이션] 그룹에서 [자세히]를 클릭한다.

⑥ 애니메이션 목록에서 [나타내기]–[확대/축소]를 선택한다.

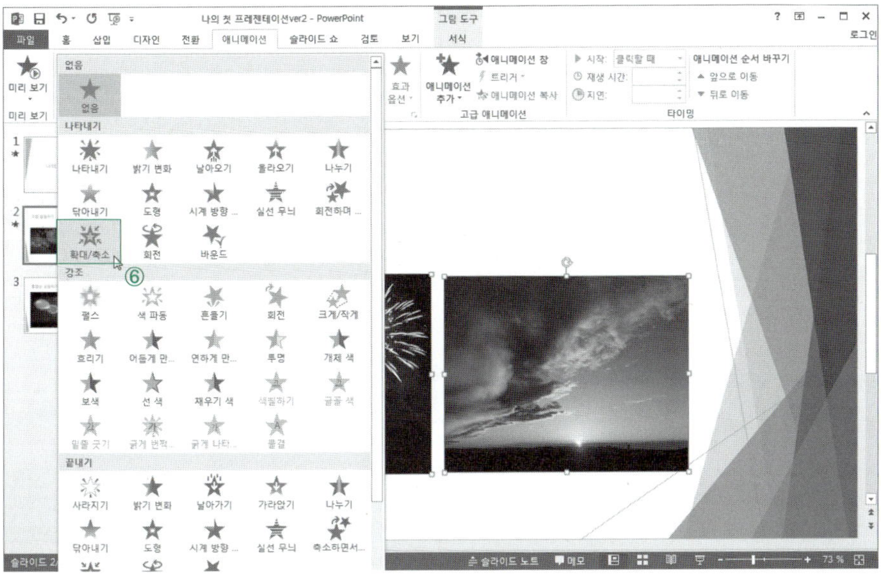

⑦ 두 개의 사진을 선택한 후 [애니메이션] 탭–[타이밍] 그룹 [시작]을

⑧ [이전 효과 다음에]로 선택한다.

5) 슬라이드에 화면 전환 효과 적용하기

① 첫 번째 슬라이드를 선택하고, [전환] 탭-[슬라이드 화면 전환] 그룹에서 [자세히]를 클릭한 후 [화려한 효과]-[비행기]를 선택한다.

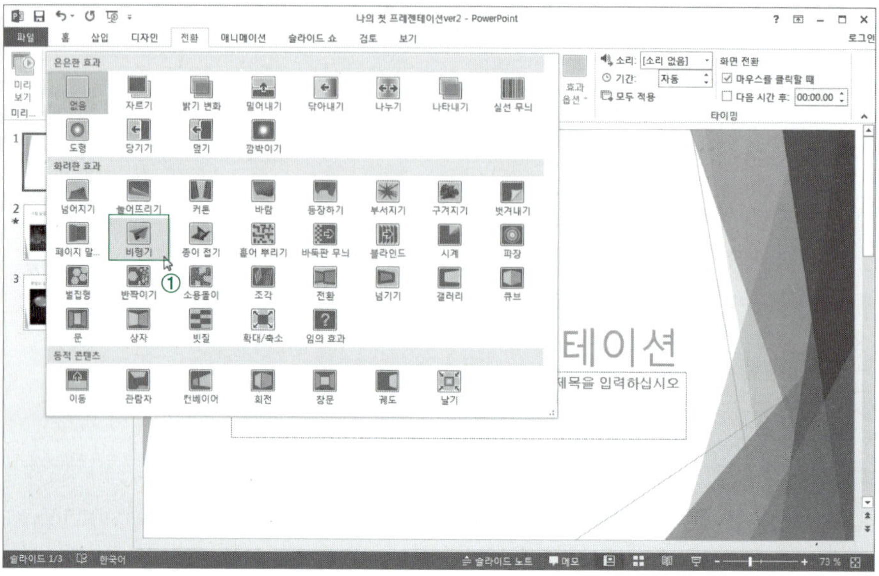

② [전환] 탭-[슬라이드 화면 전환] 그룹에서 [효과 옵션]을 클릭한 후 [왼쪽으로]를 선택한다.

③ [전환] 탭-[타이밍] 그룹에서 [기간]을 [02.00]로 변경한다.

④ [슬라이드 쇼] 탭-[슬라이드 쇼 시작] 그룹에서 [처음부터] 또는 [현재 슬라이드부터]를 클릭한다.

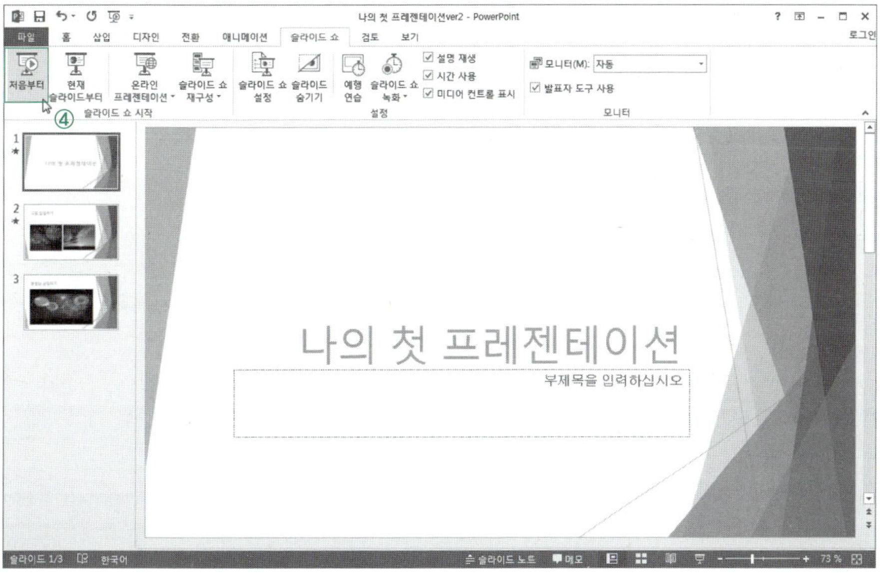

4. 유틸리티 프로그램

사용자가 컴퓨터를 좀 더 쉽게 사용할 수 있도록 도와주는 소프트웨어(프로그램)를 '유틸리티 프로그램'이라고 하고, 통상 줄여서 '유틸리티'라고 한다. 유틸리티 프로그램은 본격적인 응용 소프트웨어라고 하기에는 크기가 작고 기능이 단순하다는 특징을 가지고 있으며, 사용자가 컴퓨터를 사용하면서 처리하게 되는 여러 가지 작업, 예를 들면 압축해제, 바이러스 치료, 텍스트 편집, 이미지 편집 등의 일을 편리하게 할 수 있도록 도와주는 소프트웨어를 의미한다.

1) 파일 압축 유틸리티

일정한 알고리즘을 이용하여 데이터의 저장 용량을 줄여서 데이터의 이동을 쉽게 하고, 공간의 효율성을 높일 수 있도록 도와주는 소프트웨어이다. 또한 여러 가지 파일을 하나의 파일로 묶을 수도 있으며, 이때 암호설정 등을 통해 파일을 보호할 수 있다. 대표적인 파일 압축 유틸리티 프로그램으로는 알집, WinRAR, 반디집, 빵집 등이 있다.

2) 바이러스 검사 유틸리티

컴퓨터 바이러스는 스스로 복제하여 컴퓨터를 감염시키는 컴퓨터 프로그램을 말한다. 바이러스 검사 유틸리티는 악성 소프트웨어를 찾아내서 제거하는 기능을 갖춘 컴퓨터 프로그램으로, 우리나라에서는 안철수가 최초로 만든 바이러스 치료 소프트웨어를 '백신(Vaccine)'이라고 이름 붙인 이후 바이러스 백신 프로그램으로 불리게 되었다. 원래 목적은 바이러스만 잡는 것이었으나, 현재는 악성코드, 피싱 공격, 트로이 목마, 웜 등도 검출 및 치료한다. 대표적인 바이러스 백신 유틸리티로는 안랩 V3, 알약, Avast Free Antivirus 등이 있다.

안랩 V3 Lite　알약　Avast Free Antivirus

3) 화면 캡처 유틸리티

컴퓨터 화면에 나타나는 영상을 사용자가 원하는 크기, 모양 등을 선택하여 이미지 파일로 만들어 주는 프로그램이다. 화면 캡처 프로그램으로는 알캡처, 안카메라, 칼무리, 반디카메라 등이 있으며, 각 프로그램마다 지원하는 기능이 약간씩 다르므로 사용자에게 맞는 프로그램을 선택하여 사용하면 된다.

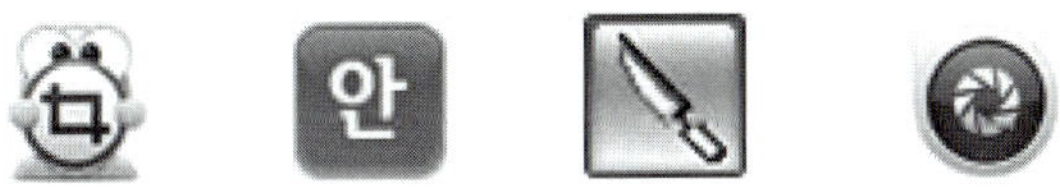

알캡쳐　안카메라　칼무리　반디카메라

4) 이미지 뷰어 유틸리티

이미지 뷰어 유틸리티는 그림 파일이나 디지털 카레마로 찍은 이미지 파일들을 볼 수 있도록 도와주는 유틸리티 프로그램이다. 여러 장의 이미지를 편리하게 볼 수 있도록 화면 크기에 맞게 확대, 축소, 연속보기, 두 장 보기 등의 기능을 제공하며 bmp, jpg, tif, gif, wmf 등의 확장자를 가진 파일을 열어볼 수 있다. 대표적인 이미지 뷰어 유틸리티로는 알씨, 꿀뷰 등이 있다.

알씨　꿀뷰

5) 동영상 재생 유틸리티

동영상 재생 유틸리티는 각종 영화나 애니메이션을 감상할 수 있는 유틸리티 프로그램이다. 동영상을 느리거나 빠르게 재생할 수 있고, 재생 시점을 임의로 조정할 수도 있다. 또한 영상의 크기와 비율을 조정할 수 있으며, 상하좌우 반전하여 재생할 수도 있다. 다양한 외국어 자막을 보여주며 자막이나 음성의 싱크 조절도 가능하다. 대표적인 동영상 재생 유틸리티로는 곰플레이어, 다음 팟플레이어, KM 플레이어 등이 있다.

곰플레이어 다음 팟플레이어 KM플레이어

6) 음악 재생 유틸리티

음악 재생 유틸리티는 컴퓨터로 음악을 들을 수 있도록 각종 음악 파일을 재생해주는 프로그램이다. 음악 재생 유틸리티 역시 동영상 유틸리티와 같이 음악을 느리거나 빠르게 재생할 수 있고, 재생 시점을 임의로 조정할 수도 있다. 또한 한 곡 혹은 전체 음악을 반복 재생하거나 재생 후 멈추게 할 수 있으며, 재생 목록상의 음악을 순차적 또는 랜덤으로 재생하도록 설정할 수 있다. 어학 기능을 통해 설정한 부분만 연속하여 재생할 수도 있으며, 실행되는 음악의 가사를 자동으로 보여주기도 한다. 대표적인 음악 재생 유틸리티로는 알송, 곰오디오, Winamp 등이 있다.

알송 곰오디오 Winamp

사례

OO초등학교 김OO 교사의 하루

아침에 출근한 김OO 교사는 출근하면 가장 먼저 컴퓨터를 켠다. 마침 오늘은 매월 세 번째 수요일마다 돌아오는 '사이버보안진단의 날'이다. 보안 프로그램을 실행하여 보안점수를 100점으로 만들고 백신 프로그램을 실행시켜 컴퓨터에 바이러스가 있는지 확인한다. 수업이 끝나고 잠시 쉬는데 옆반 선생님이 지난번 작성한 보고 자료를 보내달라는 메신저가 울린다. 파일 개수가 많고 용량도 커서 고민하던 김 교사는 압축 프로그램을 사용하여 전체 보고 자료를 하나의 파일로 만들어 메신저로 전송한다. 업무포털 사이트에 접속해보니 내일까지 안전교육실적을 제출하라는 공문이 와있다. 1학기 동안 진행한 안전교육실적을 엑셀로 작성하여 보고한 후, 내일 수업자료 준비를 위해 인터넷에서 다양한 '봄에 피는 꽃' 사진들을 다운 받는다. 동영상 편집 프로그램으로 다운 받은 사진들과 클래식 음악으로 동영상을 만든 김 교사는 컴퓨터를 끄고 퇴근한다.

활동

1. 바이러스 검사 프로그램으로 컴퓨터 바이러스 검사를 해보자.

알약은 이스트소프트에서 개발한 바이러스 백신 프로그램으로 개인에게 무료로 제공된다. 바이러스 검사는 빠른 검사와 정밀검사로 나누어 처음 사용자도 쉽게 사용할 수 있으며, 실시간 감시를 통해 바이러스 등이 침투할 경우 바로 경고 메시지를 보낸다. 또한 PC 최적화 기능을 사용하면 임시파일, 컴퓨터 사용기록, 레지스트리 등을 정리하여 컴퓨터를 깨끗하게 유지할 수 있다.

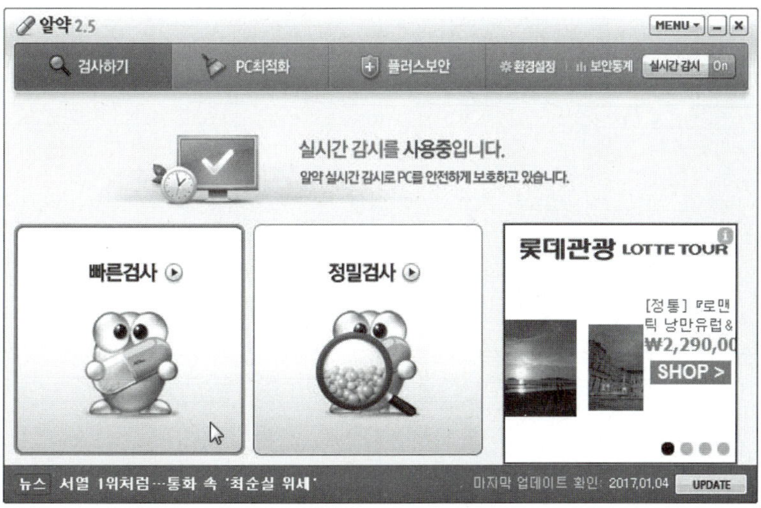

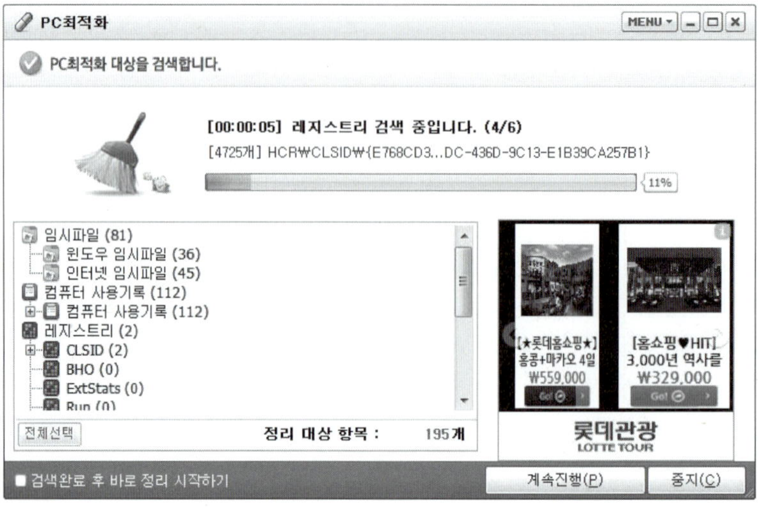

2. 화면 캡처 프로그램으로 컴퓨터 화면을 캡처해보자.

알캡처는 이스트소프트에서 개발한 화면 캡처 프로그램으로 알툴즈(www.altools.co.kr) 사이트에서 무료로 다운 받을 수 있다. 캡처영역을 직접 지정하여 캡처하거나 창 캡처, 단위영역 캡처, 전체화면 캡처, 스크롤 캡처, 지정사이즈 캡처 등의 기능을 제공하며 캡처한 화면을 간단히 수정하여 다른 프로그램에 복사하거나 파일로 저장할 수 있다.

5. 데이터베이스 구축의 필요성

1) 데이터베이스(Database) 정의

정보의 대량화인 현대사회에서 데이터베이스의 구축 및 활용의 중요성은 더해지고 있다. 컴퓨터에서 사용자 정보를 비롯한 다양한 정보와 자료(data)를 저장하고 관리하기 위해 데이터베이스를 사용하고 있다. 인터넷에서 어느 사이트에 회원가입을 하는 경우 사용자 정보를 기입하고 회원가입을 완료한다. 다음에 로그인을 하면, 사용자 정보가 그 사이트의 서버(SERVER)에 저장이 되어 있어서 간단한 로그인 절차만 걸치면 사용자 정보를 다시 기입하지 않아도 된다. 백앤드 측면에서 웹은 데이터베이스 없이는 이루어질 수 없다. 사용자 정보부터 게시판, 검색까지 디지털화된 데이터를 컴퓨터를 통해 전부 데이터베이스로 관리되고 유지된다.

공통으로 사용되는 데이터의 공유와 운영을 위해 저장 관리할 수 있도록 하는 공간을 테이블이라고 하며, 데이터를 구성하는 데 필요한 만큼의 많은 테이블은 하드 디스크의 저장 공간에 의해 크기가 정해진다. 테이블은 이름이 변경되거나 삭제 가능하다. 어느 웹사이트에 회원탈퇴를 하면 사용자 정보의 해당 테이블이 삭제되어 기입했던 사용자 정보 데이터가 사라지는 것이다.

알고 있는 정량적·정성저 실제 값은 자료(data)라고 하며, 각각의 자료들이 파일형식으로 구축하여 조직 내에서 다수의 사용자들이 데이터를 공유해 사용할 수 있도록 구조적이고 통합적으로 저장한 운영 데이터의 집합체를 데이터베이스라고 한다.

2) 데이터베이스(Database) 시스템 구성요소

① 데이터베이스 시스템 구성요소 = 데이타베이스(DB) + 데이터베이스 관리 시스템(DBMS) + 언어(DATABASE LANGUAGE) + 사용자

② 데이터베이스를 조작하는 데는 논리적인 구조를 정의하는 데이터 정의어와 데이터 조작어가 있는데, SQL(STRUCTURED QUERY LANGUAGE)이 관계형 데이터베이스에 사용되는 통합데이터 질의어(QUERY)이다.

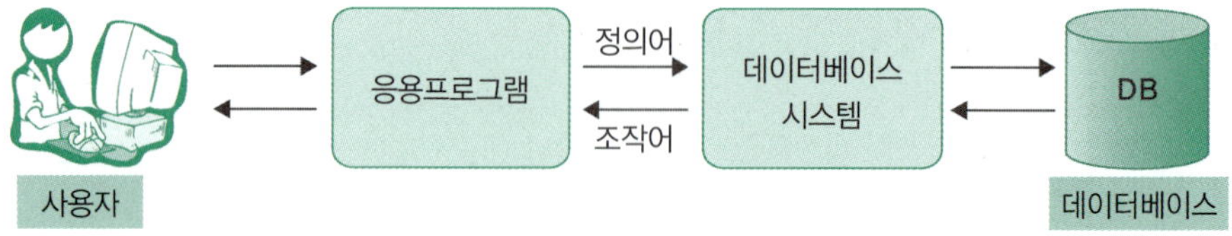

[데이터베이스 입출력 흐름]

- 입력(INPUT): 사용자-자료 입력-저장-데이터베이스 구축-종료
- 출력(OUTPUT): 사용자-검색어 입력-데이터베이스-자료출력-종료

3) 데이터베이스 관리 시스템

어떤 자료를 검색하면 그것과 관련된 여러개의 자료들을 생성 검색할 수 있게 파일 관리 시스템을 구축하고, 조직이 업무수행을 하는 데 필요한 관련성 있는 소프트웨어를 데이터베이스 관리시스템(DBMS)이라고 한다. 사용자와 데이터베이스를 연결시켜주는 소프트웨어로는 엑세스 2010, MS SQL Server, Oracle, My SQL 등이 있다. 프로그래밍 언어와 응용개발도구 등의 기술적인 요인과 소프트웨어와 하드웨어의 구입비용, 유지보수비용 등 경제적인 요인을 고려하여 규모와 적용분야에 적합한 DBMS를 선정해야 한다.

[데이터베이스 관리 시스템(DBMS)]

DBMS	제조사	개요
엑세스	MICROSOFT	윈도우즈 플랫폼으로 MS 엑셀과 호환도 가능한 중소형 데이터베이스를 위한 데스크탑용
MS SQL Server	MICROSOFT	WINDOWS NT 플랫폼에서 최적의 성능을 발휘하고 저렴한 제품가격
My SQL	My SQL AB → Oracle인수	다양한 플랫폼과 API를 지원하는 가장 많이 쓰이는 오픈 소스의 무료 관계형 데이터베이스 관리 시스템(RDBMS)
SYBASE	SAP	데이터베이스 통합(Integrator)을 통해 접근할 수 있는 관계형 데이터베이스 관리 체계의 일종
IDB2	IBM	다수의 사용자들이 동시에 접근할 수 있는 대형 데이터베이스를 위한 상업용 관계 데이터베이스 관리 시스템
Oracle	Oracle	분산처리지원기능이 우수하여 대기업에서 많이 사용하고 세계 최고의 점유율

4) 데이터베이스(Database) DBMS 구축의 필요성

데이터베이스 시스템은 중소기업에서 대기업은 물론, 공공기관까지 데이터를 디스크에 보관함으로써 정보의 보관과 활용을 매우 광범위하게 사용하고 있다. 데이터베이스 시스템을 구축하기 위해서는 전문개발자와 시스템 구축, 교육 등 복잡성과 비용증가가 있음에도 불구하고, 많은 조직들이 데이터베이스를 사용하는 이유는 다음과 같다.

(1) 데이터 검색이 쉽고 빠르다.

원하는 자료를 찾기 위해 시간과 노력을 최소화 하여 사용자들이 필요로 하는 자료를 찾을 수 있다. 쉽고 빠른 검색기능은 보고서 작성 등 업무에 활용도가 높다.

(2) 데이터 중복이 최소화된다.

각 부서에서 각각의 정보를 구축하고 운영한다면 공통된 데이터가 여기저기 산재할 가능성이 높은 반면, 데이터베이스를 구축하여 각각의 부서에서 공통으로 사용을 할 수 있게 하면 일정한 데이터를 유지하고 수정 관리할 수 있어 중복성을 최소화할 수 있다.

(3) 데이터의 일관성과 무결성이 유지된다.

데이터의 불일치성을 방지하는 데 도움이 되어 사용자에게 항상 신뢰할 수 있는 정보를 제공하는 일관성을 유지할 수 있고, 데이터베이스 변경 시에 모든 데이터베이스에 수정되므로 항상 정확한 데이터가 유지되는 무결성을 보장한다.

(4) 데이터 공유를 통해 프로그램 활용 가능성이 높다.

상품정보와 고객정보 등을 활용하여 고객맞춤형 서비스를 제공하거나, 판매나 재고파악 등의 물류지원 업무를 개선하거나, PDA(개인휴대 단말기)나 스마트폰과 연계하여 고객 응대서비스를 제공하는 등의 응용 프로그램을 작성할 수 있는 도구를 제공해 업무의 효율성과 경영 및 조직 운영의 효율화를 높이기 위한 프로그램 활용 가능성이 높다.

(5) 데이터 표준화를 통한 관리가 용이하다.

사용하는 구성원들이 이해하기 쉽고 필요할 때 신속하게 처리하기 위해 유형별로 체계적으로 분류하여 데이터를 표준화해 사용한다. 이렇게 표준화된 데이터들은 유지 관리하기가 용이하다.

(6) 데이터의 보안성을 보장한다.

저장된 데이터의 중요도와 성격에 따라 각기 다른 차등화된 보안등급을 제공하여, 데이터를 사용하고자 하는 이의 목적에 맞는 데이터만 제공하고 데이터의 생성, 수정, 삭제 등도 권한에 맞게 다르게 설정하여 보안을 유지할 수 있다.

(7) 데이터 복구를 통한 안정성이 좋다.

시스템의 장애나 컴퓨터의 문제로 회사나 기관이 보유하고 있는 자료가 모두 없어지는 사고에 대비해, DBMS는 데이터 백업시스템을 통해 데이터 복구기능을 구축하고 있다.

5) 데이터베이스의 종류

데이터의 관계, 접근과 그 흐름에 필요한 처리 과정에 관한 데이터베이스 구조의 근간을 이루는 모형이다. 데이터 모델은 데이터베이스 설계과정에서 데이터의 논리적인 구조를 표현하기 위해 사용되는 도구이다.

(1) 계층형 데이터베이스

트리구조를 기반으로 하는 데이터 모델을 사용하며, 각 데이터 요소들은 상하관계를 나타내는 링크로 구성된다. 회사의 부서 간 조직도와 같이 여러 구성원으로 이루어지는 형태를 표현하기에 적합하다.

(2) 네트워크 데이터베이스

그래프 구조를 기반으로 하는 네트워크 데이터모델을 사용하며, 온라인 쇼핑몰에서 상품주문부터 배송 간의 개체와 개체 간의 복잡하게 얽힌 관계나 학교의 학과

간 학사관리시스템 등 레코드들이 간선으로 연결되어 있다.

(3) 관계형 데이터베이스

다른 모델에 비해 개념이 단순하고 안정적이며, 효율적인 데이터베이스로 개체를 테이블로 사용하고, 서로 연결된 독립된 형태의 데이터 모델이다. 대표적인 관계형 데이터베이스관리 시스템으로는 DB2, Oracle, MySQL, MS SQL, Access 등이 있다.

(4) 객체 지향형 데이터베이스

데이터와 프로그램을 독립적인 객체의 형태로 구성하여, 이해하기 쉽고 유지와 변경이 용이하다.

(5) 객체 관계형 데이터베이스

관계형 데이터베이스에 객체 지향개념이 추가되어, 객체 지향형 데이터베이스의 단점을 보완하여 사용되고 있다.

6) 관계형 데이터베이스 구성요소

다른 데이터베이스 모델에 비해 관계형 데이터베이스 모델은 간단하며 이해하기 쉽고, 표준화되어 현재 가장 보편적으로 사용되고 있다. 데이터베이스를 만드는 가장 쉬운 방법은 마이크로소프트사에서 제공하는 엑세스에서 제공하는 데이터베이스에 테이블, 폼, 보고서 등의 개체를 만들어 데이터를 테이블 형식으로 관리하는 관계형 데이터베이스 관리 시스템의 일종이다.

(1) 관계형 데이터베이스 구성요소

① 테이블(TABLE): 릴레이션, 엔티티(개체)라고 하며 열(COLUMN), 행(ROW)으로 구성

② 필드(FIELD): 속성이라고 하며, 테이블의 열을 의미하고, 데이터 값을 기억하는 기억단위

③ 레코드(RECORD): 테이블의 행

④ 도메인(DOMAIN): 필드가 가질 수 있는 값들의 집합
⑤ 키(KEY): 테이블 내의 레코드들을 서로 구별할 수 있는 필드의 집합

7) 데이터베이스(Database) 시스템 개발과정

데이터베이스 시스템을 구축하기 위해서는 실질적으로 데이터베이스 시스템을 사용하게 될 업무담당자, 구조를 설계하고 정의하고 개발할 프로그래머, 시스템을 운영해야할 전산담당자와 안정적이고 복잡한 규모를 지원 가능할 시스템까지 개발과정에 포함될 인원도 대규모이고 과정도 복잡하다.

데이터베이스 시스템 개발과정은 설계와 구축과정으로 이루어진다. 시스템을 만들기 전에 특정조직에서 현재 처리되고 있는 업무를 파악하고, 데이터베이스 구축 시 요구되는 주요업무를 분석해서 시스템을 통해 관리해야 하는 데이터를 파악하는 게 우선이다. 업무의 주요 내용을 요약하고 요구사항을 분석하여 사용자가 요구하는 기능을 쉽게 처리할 수 있게 메뉴와 화면을 설계하고, 구조에 맞게 데이터베이스를 구축한다. 데이터베이스 시스템을 개발을 마치고 수시로 시스템을 운영 유지 및 보수해야 하는 관련자의 교육까지 개발과정에 해당한다.

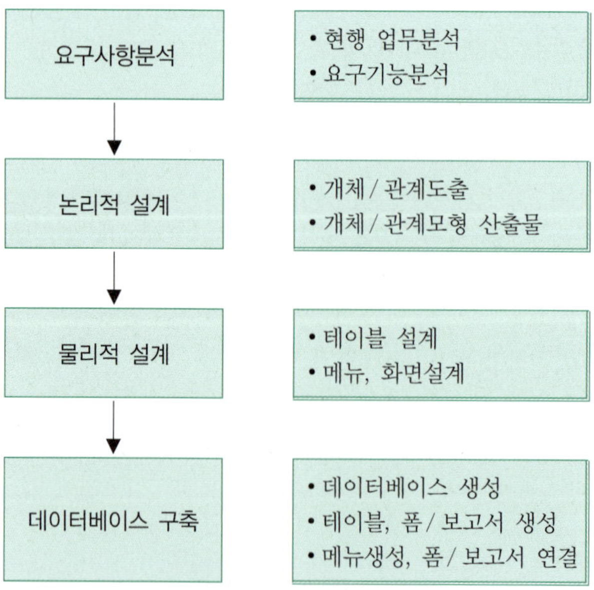

[데이터베이스 시스템 개발과정]

사례

개인이나 기업체나 데이터를 체계적으로 유지하고 관리하는 것은 매우 중요하다. 개인적으로는 도서관 열람기록이나 가계부에 입출금 기록 등이 모두 데이터베이스로 활용되는 사례이고, 백화점, 마켓, 레스토랑, 관광산업 등에서는 한 번 방문한 고객이나 클릭한 고객의 정보를 놓치지 않고 데이터베이스로 구축해 시장세분화나 포지셔닝 등을 위한 기초 자료로 사용하여 맞춤형 상품을 개발하고 매출실적, 제품과 서비스기획에 적극적으로 활용하고 있다.

DGIST 바이러스 감염 조기진단 데이터베이스 개발

DGIST는 바이러스 감염병 진단 데이터베이스를 개발해 조기 진단 시스템을 구축할 수 있게 됐다고 13일 밝혔다. 융합연구팀은 빅 데이터 기술을 적용해 리보핵산(RNA) 바이러스가 원인인 감염병을 정밀하고 빠르게 진단할 수 있는 'MRPrimerV' 데이터베이스를 개발했다. 바이러스 감염 여부를 진단하기 위해서는 일반적으로 중합효소 연쇄 반응(PCR, Polymerase Chain Reaction) 기반 분자진단 방법을 사용한다. 이때 목표 바이러스 유전자에만 결합해 증폭시키는 올리고뉴클레오티드 시료(프라이머)가 잘 갖춰져 있어야 하는데, 어떤 바이러스에 어떤 프라이머를 사용해야 하는지에 대한 데이터베이스가 제대로 구축돼 있지 않다. 융합연구팀은 앞서 개발한 유전자 진단용 빅 데이터 기술(MRPrimer)과 짧은 시간에 최적의 올리고뉴클레오티드를 설계할 수 있는 기술을 기반으로 지금까지 알려진 1천 818가지 RNA 바이러스에 대한 초정밀 프라이머를 데이터베이스로 구축했다. 이 데이터베이스로 프라이머를 목표 바이러스에 정확하게 결합해 사람에게 감염된 RNA 바이러스를 진단할 수 있다는 것이 연구진 설명이다.

(출처: Sciencetimes, 2016. 12. 14.)

"전력정보 공개" 한전, '전력 빅데이터센터' 개소

한국전력과 산업통상자원부는 전력 분야 공공 데이터를 개방하고 전력 빅데이터의 민간 활용을 촉진하기 위한 '전력 빅데이터센터'를 30일 개소했다. 센터는 전력 사용량을 활용해 전력정보를 분석·공개하고 소비자가 요청하는 정보를 제공하는 역할을 하게 된다. 센터는 연내 최대 10년간 월별·연도별·용도별 전력 사용량 정보를 공개하고, 내년 1월부터 대규모 수용가를 중심으로 사용자의 동의를 받아 실시간 사용량 정보를 공개하기로 했다. 또 내년 상반기 중 전력정보와 민간 데이터를 융합해 분석할 수 있는 개방형 서비스 인프라를 구축하고 표준화를 추진한다. 이날 서울 강남구 한전 강남지사에서 열린 개소식에서는 '5대 전력정보와 에너지효율잠재량지도'를 공개했다.

5대 전력정보는 10년간 국가전력 사용량 변화, 지역별 전력 사용량 비교, 10년간 전력 사용량 변화로 본 주요 업황, 주택 태양광 설치로 인한 전기요금 절감, 전기차 보급 지역별 충전기 수요를 말한다. 에너지효율잠재량지도는 전기요금 다소비 지역이나 에너지효율 사업 잠재력이 큰 지역을 표시한 것이다.

(출처: 연합뉴스, 2016. 9. 30.)

활동

1. 일상생활과정에도 친구나 가족 등 소모임도 인원관리를 위해 데이터베이스를 구축하여 모임원들과 정보를 공유하고, 변동사항이 있는 경우 데이터베이스를 수정 및 삭제하기도 한다. 모임의 목적과 모임원들의 업무를 파악하고, 데이터베이스 구축 시 요구되는 관리해야 하는 데이터는 어떤 것이 있을지 스프레드시트에 정리해보자.

2. 기업에서 회사의 직원들을 관리해야 하는 담당자는 직원관리시스템을 구축하여 효율적으로 관리하여야 한다. 직원관리시스템의 목적은 직원들의 이름과 성별, 전화번호, 주소, 부서, 직급, 기본급, 수당 등 관련정보들을 모아 데이터베이스를 구축하는 것이다. 시스템을 만들기 전에 현재 처리되고 있는 직원관리 업무를 파악하고, 데이터베이스 구축 시 요구되는 주요 업무를 분석해서 회사가 관리해야 하는 데이터는 어떤 것이 있을지 파악해보자.

3. 업무의 주요 내용을 요약하고 요구사항을 분석하여 논리적으로 설계하고 구조에 맞게 변환시킨다. 사용자가 요구하는 기능을 쉽게 처리할 수 있게 메뉴와 화면을 설계해보자.

4. 엑세스 ACCESS를 이용하여 데이터베이스를 만들어보자.
   액세스는 마이크로소프트사에서 제공하는 데이터를 테이블 형식으로 관리하는 관계형 데이터베이스 관리 시스템의 일종이다. 데이터베이스를 만드는 가장 쉬운 방법은 엑세스 2007 또는 2010에 제공하는 데이터베이스에 테이블, 폼, 보고서등의 개체를 만드는 것이다.

   1) 엑세스 ACCESS 2007 화면구성
   [파일]-[새로만들기]-[예제서식파일]-[연락처]를 클릭하여 [콘텐츠사용]을 클릭한다.

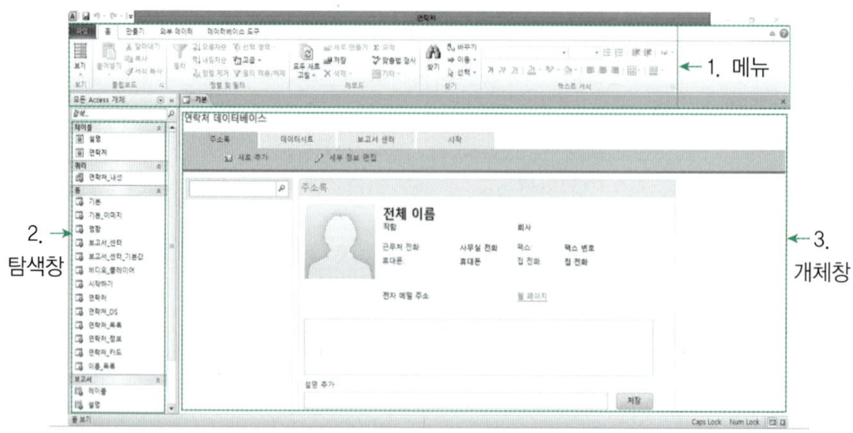

[액세스 데이터베이스의 개체]

개체	설명
테이블	데이터베이스의 가장 기본이 되는 개체로 데이터를 저장함
쿼리	테이블에서 쿼리를 통해 조건에 따라 추출해내기 위한 개체
폼	레코드 원본, 필드, 레이아웃, 서식 등을 사용자가 원하는 형태로 만들기 위한 인터페이스
보고서	레이아웃이나 디자인을 통해 보고를 위한 데이터를 프린트하기 위한 개체

2) 테이블 만들기(완성파일: Database.accdb)

테이블은 필드, 필드명, 레코드로 구성되어 있다.

필드는 열을 의미하며, 머리글에는 필드 이름이 있고, 필드를 포함하는 한 행은 레코드이다.

테이블은 데이터베이스의 가장 기본이 되는 개체로 데이터를 저장하게 된다.

① 엑세스 ACCESS를 실행한다.

② [새 데이터베이스]-[만들기]를 클릭한다.

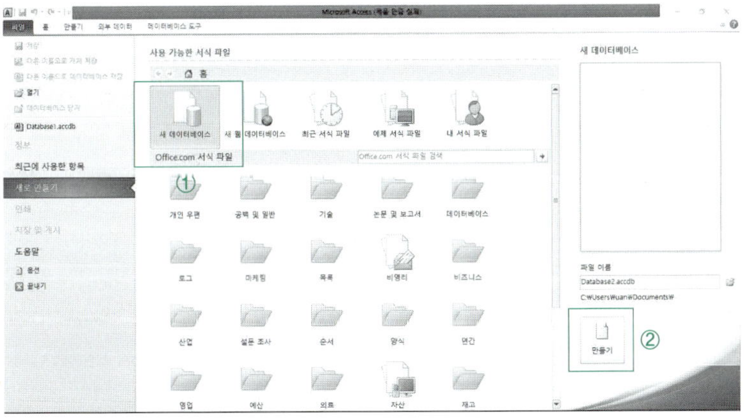

③ 데이터베이스가 생성된다.

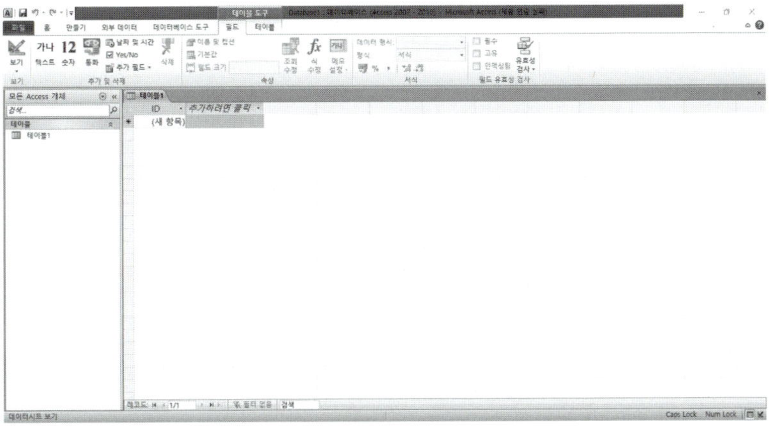

④ [만들기]-[테이블 디자인]을 클릭한다.

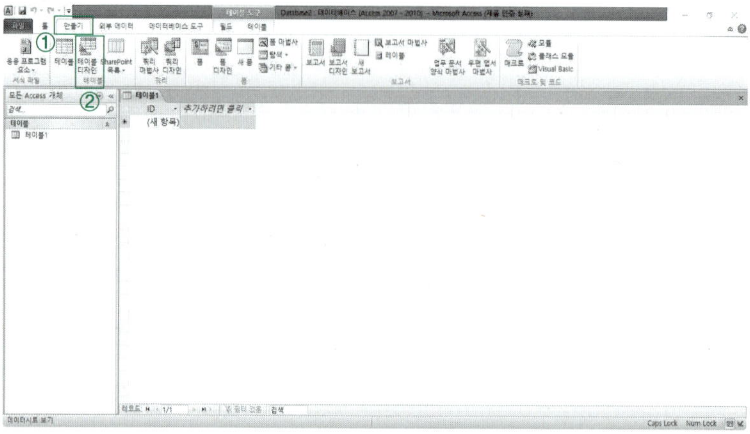

⑤ 첫 행의 [필드이름]에 '부서코드'를 입력하고, [데이터 형식]의 목록 단추를 눌러 '일련 번호'를 선택한다.

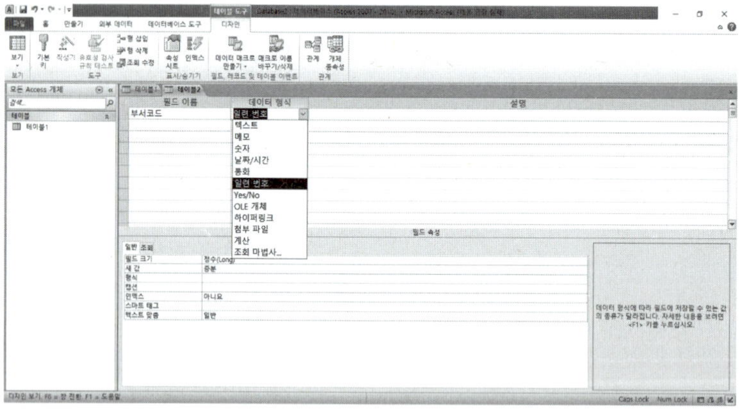

⑥ 두 번째 행의 [필드이름]에 '부서'를 입력하고 [데이터형식] 목록의 '텍스트'를 선택한다.

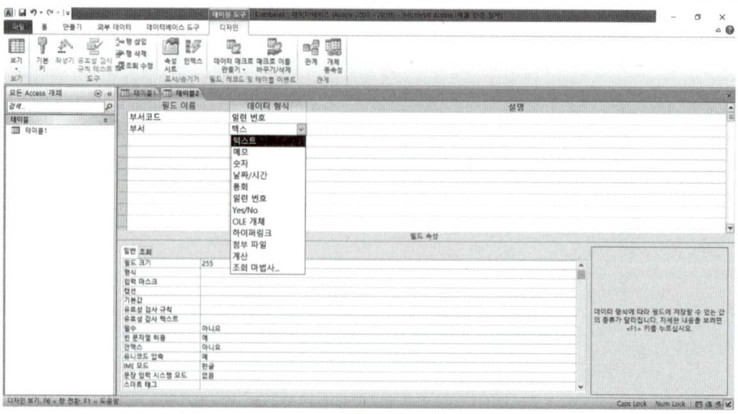

⑦ 세 번째 행에 [필드이름]에 '담당자'를 입력하고 [데이터형식] 목록의 '텍스트'를 선택한다.

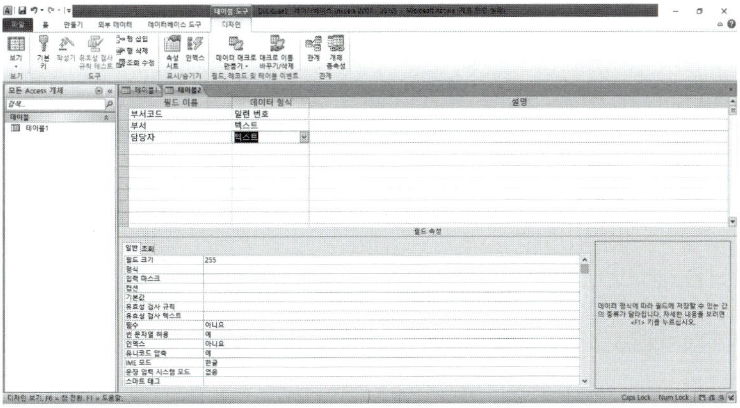

⑧ 네 번째 행에 [필드이름]에 '전화번호'를 입력하고 [데이터형식] 목록의 '텍스트'를 선택한다.

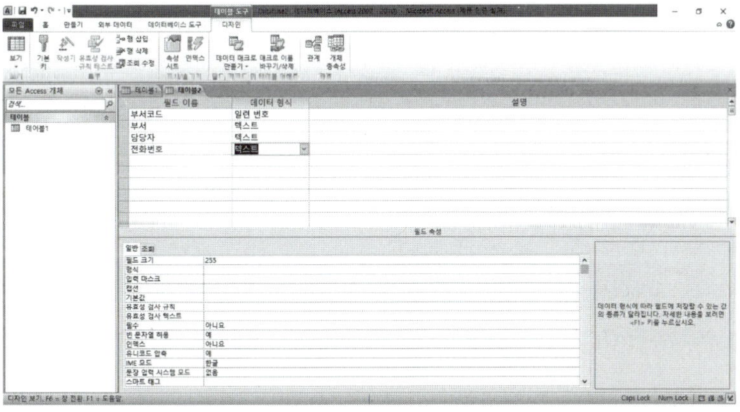

⑨ 기본키를 설정하기 위해 '부서코드' 필드에서 [테이블도구]–[디자인]–[도구]–[기본키]를 클릭한다.

⑩ 필드이름 위에서 마우스 오른쪽 단추를 눌러 [기본키]를 클릭한다. '부서코드' 필드행에 키 아이콘이 추가된다.

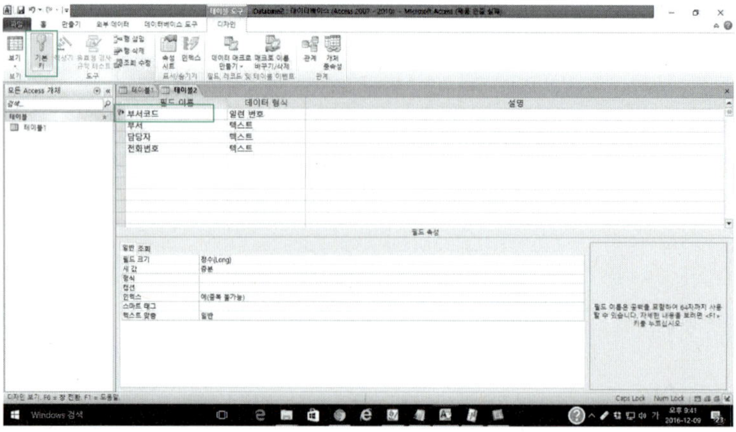

⑪ [테이블]이라고 저장한다. 테이블이 생성된다.

> 확장자:
> accdb : 액세스 2007 데이터베이스 파일 확장명
> accde : 엑세스 2007 파일 확장명
> adddt : 액세스 2007에서 제공하는 데이터베이스 서식파일의 확장명

⑫ 레코드를 추가한다. [홈]-[보기]-[데이터시트 보기]를 클릭한다.

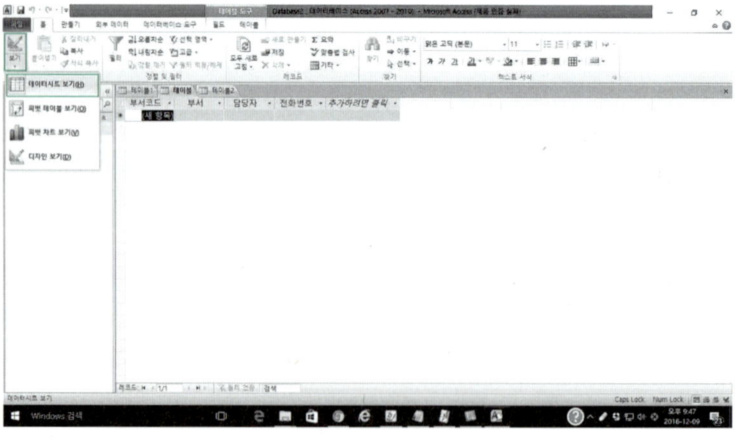

⑬ '부서코드'는 자동생성이 되므로, '부서' 필드부터 '기획부', '홍길동', '1234567'을 입력한다. 〈TAB〉키를 누르면 다음 필드로 이동하여, 다음 행에 '홍보부', '이진영', '4567890'을 입력한다.

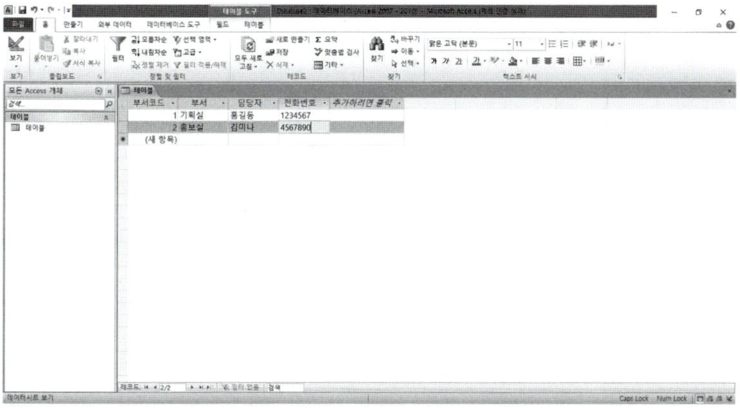

⑭ 관련 정보에 대해 필드와 레코드를 추가한다. [외부데이터]-[가져오기]-[excel]을 클릭하여 사원관리명단.excel파일을 가져와 기존 테이블에 추가한다.

3) 폼 작성 및 디자인(완성파일: form.accdb)

폼 마법사는 레코드 원본, 필드, 레이아웃, 서식 등을 사용자가 임의로 선택해 폼을 작성할 수 있다.

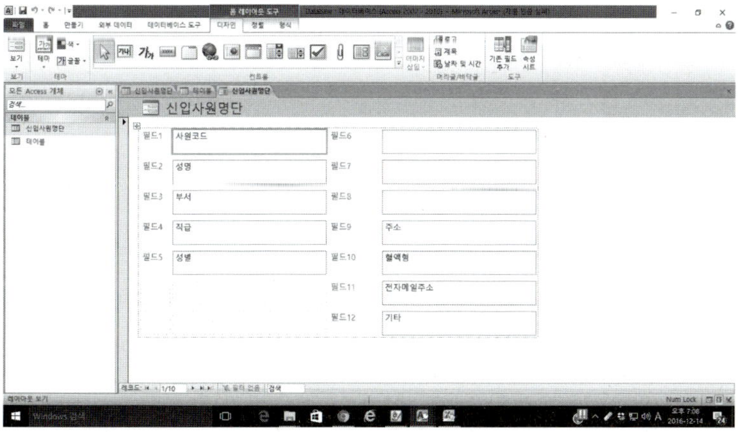

학습 평가

01 워드프로세서의 주요 기능에 포함되지 않는 것은?

① 입력기능 ② 표시기능 ③ 데이터베이스 기능
④ 편집기능 ⑤ 출력기능

02 워드프로세서의 다양한 기능을 활용하여 다음의 문서를 작성해 보자.

일일교육계획안

<table>
<tr><td>반 이름</td><td>(만 세)</td><td>시 기</td><td colspan="3">2017년 월 일 ( )요일</td></tr>
<tr><td>생활주제</td><td></td><td>주 제</td><td colspan="3"></td></tr>
<tr><td>목 표</td><td colspan="5">•
•</td></tr>
<tr><td>일일 시간
및
활동내용</td><td colspan="5"></td></tr>
<tr><td>기본생활
습관교육</td><td colspan="2"></td><td>안전
교육</td><td colspan="2"></td></tr>
<tr><td colspan="6">중 심 활 동 세 안</td></tr>
<tr><td>시간/
활동명</td><td>활동목표</td><td colspan="4">활 동 내 용</td></tr>
<tr><td></td><td></td><td colspan="4"></td></tr>
<tr><td>관찰
및
평가</td><td colspan="3"></td><td>전달
및
협의 사항</td><td></td></tr>
</table>

03 스프레드시트 함수에 대한 설명으로 틀린 것은?

① SUM: 인수의 합계를 구한다.
② COUNT: 인수 중 문자가 들어 있는 셀의 개수를 구한다.
③ MAX: 인수 중 가장 큰 값을 구한다.
④ MIN: 인수 중 가장 작은 값을 구한다.
⑤ AVERAGE: 인수의 평균값을 구한다.

04 스프레드시트를 활용하여 다음 워크시트의 결과 값을 구해보자.

	A	B	C	D	E	F	G
1	기말고사 성적						
2					응시인원		
3	성명	국어	영어	수학	과학	총점	
4	이성주	95	65	86	97		
5	김은영	97	82	93	80		
6	최윤서	85	77	88	85		
7	박윤찬	67	89	97	88		
8	고진영	76	92	81	67		
9	김경철	93	99	72	91		
10							
11	평균						
12	최고점수						
13	최저점수						
14							

기말고사

05 프레젠테이션 프로그램에 대한 설명으로 틀린 것은?

① 마이크로소프트 파워포인트의 기본 확장자는 .pptx 이다.
② 프레지는 슬라이드 형식의 프레젠테이션 프로그램으로 발표자가 설정한 이동 경로에 따라 프레젠테이션이 진행된다.
③ 키노트는 애플사에서 개발한 프로그램으로 윈도우가 설치된 PC에서는 제작이 어렵다.
④ 한쇼는 한글과 컴퓨터사에서 개발한 프레젠테이션 프로그램으로 한컴오피스에 포함되어 있다.
⑤ 프레지는 웹과 오프라인 모두에서 작업이 가능하다.

06 **프레젠테이션 프로그램을 실행하여 다음과 같은 문서를 작성해 보자.**

○○ SmartArt 활용하기 ○○

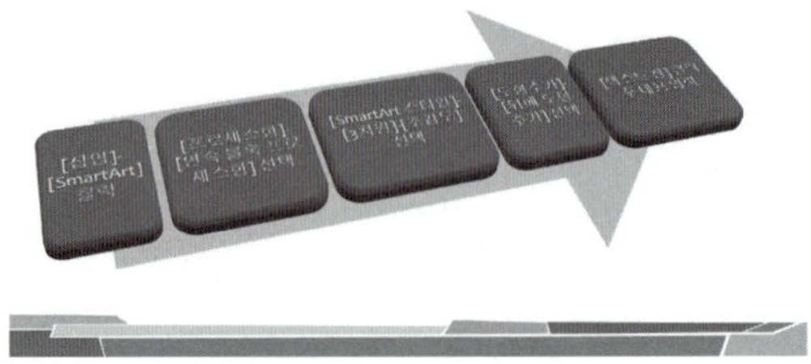

07 **다음 유틸리티 프로그램에 대한 설명으로 틀린 것은?**

① 파일 압축 유틸리티는 파일의 크기를 줄이거나 여러 가지 파일을 하나로 묶어주는 프로그램이다.

② 바이러스 백신 유틸리티는 컴퓨터 바이러스뿐만 아니라 악성코드, 피싱 공격, 트로이 목마 등도 치료한다.

③ 이미지 뷰어 프로그램은 mp4, avi, wmv, mpeg 등의 파일을 보여준다.

④ 대표적인 동영상 재생 유틸리티 프로그램에는 곰플레이어, 다음 팟플레이어, KM플레이어 등이 있다.

⑤ 음악 재생 유틸리티 프로그램 중에는 자동으로 노래 가사를 보여주는 기능도 있다.

08 **각각의 자료들이 파일형식으로 구축하여 조직 내에서 다수의 사용자들이 데이터를 공유해 사용할 수 있도록 구조적이고 통합적으로 저장한 운영 데이터의 집합체를 무엇이라고 하는가?**

09 **데이터베이스를 생성하여 안정적이고 효율적으로 운영하는 데 필요한 관련성 있는 기능을 제공하는 소프트웨어이다.**

C·H·A·P·T·E·R

05 소셜 네트워크 서비스(SNS) 활용하기

학습목표

소셜 네트워크 서비스(SNS)의 정의 및 배경에 대하여 알고 최근 사용되고 있는 SNS를 활용하여 가상의 공간에서 소통할 수 있다.

세부목표

1. 소셜 네트워크 서비스의 등장 배경 및 정의에 대하여 안다.
2. 페이스북을 활용할 수 있다.
3. 인스타그램을 활용할 수 있다.
4. 라인을 활용할 수 있다.

주요용어

SNS | 페이스북 | 인스타그램 | 라인

1. SNS란?

1) SNS 개념

교호 네트워크 서비스(Social Network Service) 또는 교호 네트워크 사이트(Social Network Site)보다는 이제 약칭으로 더 많이 불리는 월드와이드웹 기반의 서비스인 SNS는 최근 폭발적으로 성장하면서, 사회적·학문적으로 커다란 관심의 대상으로 부상하였다. 역사는 오래되지 않았지만 등장한 서비스의 수가 많은 만큼 서비스의 특징 또한 다양하여 이것을 한마디로 정의하기란 쉽지 않으며, 사람마다 각기 다르게 정의하고 있다. 그리고 동일한 서비스라 하더라도 사회문화적 조건에 따라 실제적인 모습은 달리 구현되고 있는데, 이 또한 이를 정의하기 어렵게 만드는 요인이 되고 있다.

위키피디아(Wikipedia, 2012)는 SNS를 "관심이나 활동을 공유하는 사람들 사이의 교호적 관계망이나 교호적 관계를 구축해 주고 보여 주는 온라인 서비스 또는 플랫폼"으로 정의한다(커뮤니케이션북스).

이론적인 관점에서는 보이드와 엘리슨(Boyd & Ellison, 2008)의 정의가 대표적인데, 이들은 SNS(Social Network Sites)를 "개인들로 하여금 ① 특정 시스템 내에 자신의 신상 정보를 공개 또는 준공개적으로 구축하게 하고, ② 그들이 연계를 맺고 있는 다른 이용자들의 목록을 제시해 주며, 나아가 ③ 이런 다른 이용자들이 맺고 있는 연계망의 리스트, 그리고 그 시스템 내의 다른 사람들이 맺고 있는 연계망의 리스트를 둘러볼 수 있게 해주는 웹 기반의 서비스"라고 규정한다. 어떤 관점을 따르냐에 따라 정의는 각기 달라지지만, 정의들에서 공통으로 지적되는 요소는 웹 사이트라는 온라인 공간, 대인관계의 형성 및 유지, 관계망의 구조, 관계망의 파도, 정보의 교류 등이라 할 수 있다.

이런 점들을 종합적으로 고려할 때, SNS는 웹사이트라는 온라인 공간에서 공통의 관심이나 활동을 지향하는 일정한 수의 사람들이 일정한 시간 이상 공개적으로 또는 비공개적으로 자신의 신상 정보를 드러내고, 정보 교환을 수행함으로써 대인 관계망을 형성토록 해주는 웹 기반의 온라인 서비스로 정의될 수 있다.

SNS 이외에 소셜 미디어, 소셜 소프트웨어, 마이크로블로그 등 다양한 용어들이

혼용되고 있지만, 마케팅 기원을 가지고 있는 소셜 미디어나 기술적 측면이 강조되는 소셜 소프트웨어 등에 비해 SNS라는 용어가 보다 중립적이고 포괄적인 것 같다.

2) SNS 서비스

SNS는 서비스마다 각기 다른 기능들이 구현되어 있어서 한마디로 SNS의 기능적 특징을 규정하기란 쉽지 않다(황유선, 2012). 그럼에도 불구하고 몇 가지 대표적인 기능들을 추출할 수 있는데, 최근 서비스들은 기능들이 유사하게 수렴되는 경향을 보이기도 한다(Boyd & Ellison, 2008).

SNS의 가장 대표적인 기능은 신상 정보의 등록 및 공개인데, 구체적으로 이용자의 성별, 연령, 직업, 문화적 취향, 이데올로기, 종교 등이 전부 또는 선택적으로 공시될 수 있다. 이것은 민감한 정보들이기 때문에 프라이버시 보호와 관련하여 사회적으로 많은 문제를 야기하고 있다. 그 다음은 SNS의 본래적 기능에서 보듯, 대인관계망과 그 구조가 드러난다는 것이다. 이용자는 자신과 연계를 맺고 있는 또 다른 이용자들을 드러내며, 단계를 거치면 다른 이용자의 네트워크, 나아가 그 네트워크상의 이용자가 갖고 있는 네트워크 등으로 네트워크의 범위를 확대해 가며 파악할 수도 있다. SNS를 통해 이용자는 의견이나 정보를 게시할 수 있고, 그 이용자와 연계를 맺고 있는 이용자를 포함해 또 다른 이용자가 그것에 대한 반응으로 또 다른 의견과 정보를 게시할 수 있다. 이것을 우리는 게시물의 글줄기(post threads)라 부른다. 이 글줄기는 대인관계망과 마찬가지로 독특한 네트워크 구조를 보여 준다. 게시물이 다분히 공개적이라면, 일명 '쪽지'와 같은 사적인 메시지를 주고받을 수도 있다.

이상과 같은 기능들이 SNS들이 공유하는 기능들이라면, 서비스별로 특화된 기능을 제공하는 경우도 있다. 예를 들어, 사진이나 비디오를 공유하는 기능을 제공하기도 하고 블로그 기능이 디폴트로 주어지는 경우도 있다. 인스턴트 메시징이나 모바일 지원 기능도 그런 예인데, 최근 들어 대부분의 SNS들은 이런 기능들을 포함하고 있다.

3) SNS 역사

컴퓨터를 매개로 한 사교적 상호작용의 역사는 ARPANET, 유즈넷, LISTSERV, BBS 등과 같은 컴퓨터 네트워크의 역사와 같이한다고 할 정도로 오래되었다(Wikipedia, 2012). 아메리카 온라인, 프로디지, 컴퓨서브, 천리안 등과 같은 다이얼업 모뎀을 통한 온라인 서비스를 매개로도 다양한 가상공동체가 출현하였다. 그럼에도 불구하고, SNS가 폭발적으로 성장할 수 있었던 배경은 1990년대 월드와이드웹 서비스다. 1990년대 후반에 들어서면서 이용자 신상정보 제공기능이 SNS의 가장 보편적인 기능으로 자리 잡게 되었다. 1990년대 말에 이르러 친구 찾기와 같은 새로운 SNS 기술들이 개발되었다.

SNS의 폭발적인 성장은 2000년 이후로, 2002년 프렌드스터(Friendster), 2003년 마이스페이스(MySpace)와 링크드인(LinkedIn) 등이 등장했고, 상징적으로 2005년 마이스페이스(MySpace)가 페이지뷰에서 구글을 앞서기에 이르렀다. 2004년 서비스를 개시한 페이스북은 세계에서 가장 큰 SNS로 성장했다. 2011년 현재 순방문자를 기준으로 한 점유율을 보면, Facebook 55.1%, Twitter 11.7%, LinkedIn 6.6% 등의 순이다(Wikipedia, 2012).

이와 같은 SNS의 등장과 발전을 특징짓는 경향은 몇 가지로 요약될 수 있는데, 첫째는 SNS가 인터넷 서비스의 주류가 되었다는 것, 둘째는 SNS가 미국과 같은 특정 국가만의 현상이 아니고 전 지구적인 보편적 현상이라는 것, 셋째는 SNS가 교우나 동창 등 특정 커뮤니티에서 출발해 보편적인 커뮤니티로 확대되는 양상을 보이고 있다는 점 등이다(Boyd & Ellison, 2008).

4) SNS 특징

SNS는 서비스마다 독특한 기능과 특징을 가지고 있어, SNS의 특징을 포괄적으로 규정하기가 쉽지 않다. 그렇지만 SNS를 보는 학문적, 사회적, 산업적 관점들은 각기 SNS의 특정 측면에 주목하고 있고, 이런 점에서 이런 관점들을 구분해 보면 SNS의 특징을 정리해 볼 수 있다. 트위터를 중심으로 SNS를 보는 관점은 다음 다섯 가지로 요약될 수 있다(이재현, 2012).

첫째, SNS를 마케팅 도구로 보는 관점이다. 일반 기업은 물론 전통적 미디어나 IT 기업에서도 이런 기능적 활용을 강조한다. 둘째, SNS를 컴퓨터 매개 커뮤니케이션으로 보는 관점으로 커뮤니케이션 연구의 전통에서 흔히 관찰할 수 있다. 이 관점은 SNS가 면대면 커뮤니케이션과 어떤 차별성과 유사성을 갖는가에 주목한다. 셋째, SNS를 사회관계망으로 보는 관점으로, 사회학 내 사회관계망 분석(Social Network Analysis, SNA)이라 불리는 영역의 관점이다. 이 관점은 네트워크 구조 자체와 구조적 특징을 보여주는 데 일차적 관심이 있다. 넷째, SNS를 권력관계 또는 영향력이 드러나거나 행사되는 장으로 보는 관점으로 정치학, 정치 커뮤니케이션 연구 등의 관점이다. 이 관점은 파워 이용자의 속성과 특성에 주목하여 이를 밝히려고 한다. 다섯째, SNS를 컴퓨터 활용 연구 대상으로 간주하는 관점이다. 이 관점은 대체로 컴퓨터 과학자들이 SNS라는 사회적 현상을 대상으로 연구하면서 갖게 된 관점으로 대규모 데이터를 컴퓨터로 처리하여 그 속에서 그 어떤 규칙성을 발견하려고 한다.

5) SNS를 둘러싼 쟁점

SNS를 둘러싼 이슈 중에서 지속적으로 가장 큰 논란이 되는 것은 첫째, 프라이버시 보호 문제다. 신상 정보와 사적인 의견 교환을 근간으로 하는 SNS이 속성상 불가피한 문제가 아닐 수 없다. 둘째, 사적 정보에 대한 잠재적 남용의 문제다. SNS는 상업적으로 가장 매력적인 빅데이터로 간주되어 최근 가장 적극적으로 분석되는 데이터 소스다. 셋째, 이른바 '사이버 불링(cyber-bullying)'이라 불리는 온라인상의 공격 행위다. 특히 심리적으로 취약한 집단이 정신적 트라우마를 겪고 있다고 알려져 있다. 이밖에 개인적 게시물의 지적 재산권, 개인에 대한 감시, 성희롱 등의 문제가 사회적으로 학문적으로 논란이 되고 있다.

(NAVER 지식백과 재인용)

사례

SNS의 양면성에 대한 다음의 기사를 보며 SNS의 순기능과 역기능에 대하여 생각해 보자.

SNS속 유언비어의 함정 '위험한 사회'다.

SNS가 시민운동의 기폭제 역할을 한다. 2011년 '아랍의 봄'을 휩쓸었던 튀니지에서 시작된 오렌지 혁명은 反정부・민주화 투쟁으로 독재국가 이집트, 리비아 정권을 무너뜨린다. 전 세계를 경악하게 만든 美 대통령 트럼프 당선의 일등 공신도 바로 SNS다. 한국은 최순실 게이트로 광화문 광장을 비롯해 전국에서 촛불집회가 계속된다. 과거 군사독재나 권위주의 체제에 대항하는 민주화 투쟁이 아니다. 헌법 제1조 1항 '대한민국은 민주공화국이다' 자유민주주의의 기본질서를 다시 세우자는 국민의 함성이다. 독재국가의 언론통제로 차단된 뉴스와 정보를 공유하는 역할을 하고, 기득권층이 아닌 사회적 약자와 소수집단이 의견을 개진할 수 있는 기회를 SNS가 부여한다. 정보를 독점하던 시대는 정보가 곧 권력이었다. 지금은 정보 독점 시대가 아닌 정보과잉의 시대다.

SNS는 특성상 이용자가 원하는 정보만 습득하기가 쉽고 그래서 편향될 가능성이 있다. 단편적인 정보는 편향된 판단을 하게 만들고 편향된 정보는 여론의 양극화를 부른다. 민주주의는 다른 사람의 의견을 존중하고 다양한 의사를 수용하는 것이다. 그런데 '내편 아니면 네편'으로 분열시킨다. 청소년들과 대화하면 모든 이야기를 '인터넷에서 검색했어요' 한다. 모든 게 진실이라고 그대로 믿어버린다. 정보 홍수 속에 넘쳐나는 정보를 미처 검증할 여력이 없다. 거짓정보・유언비어・괴담이 횡행할 수밖에 없는 구조다. 사람은 자신이 믿고 싶은 정보만 받아들이고 믿고 싶지 않은 정보는 사실이라 해도 무시한다. 이같은 심리현상을 '확증편향'이라 한다. 자신이 잘못한 결정이나 판단을 했어도 자신을 합리화한다. 자신이 잘못된 판단을 인정해서 오는 심리적 고통을 감당하기 싫어서다. '인지부조화'다.

가수 타블로의 학력위조 의혹사건이 사례다. 증거가 나왔는데도 조작이라고 우겨서 공방이 계속되다 결국 유죄판결을 받는다. 미국은 SNS 페이스북의 대선 개입 의혹 때문에 시끄럽다. 힐러리 클린턴 후보의 e-메일 스캔들을 수사한 연방수사국 요원이 숨진 채 발견됐다는 기사가 순식간에 퍼졌다. 거짓 정보다. IS 국제테러단체는 SNS를 통해 청년실업에 시달리는 전 세계 젊은이들을 선동하는 영상 등을 퍼뜨려 전투원을 모집한다. IS 年수입의 2/3인 6억 달러(7,050억 원)를 대원들에게 지급한다고 보도했다.(영국 파이낸셜타임스) 허위정보다.

정보의 세계는 사기와 허위가 판치는 살얼음판이다. 제대로 검증하지 않으면 당한다. 세월호 참사때도 '국정원이 유병언을 죽이고 시체를 옮겼다'는 내용이 SNS를 타고 급속히 번지면서 큰 파장을 일으킨다. 북한의 천안함 폭침과 광우병 사태 등이 SNS 속 유언비어의 함정이다. '유언비어 폭탄이 러시아 신무기다'. NATO를 견제하려고 러시아는 스웨덴에 핵을 비축하고 전쟁설 등 유언비어를 SNS 온라인에 퍼트린다. EU는 허위정보 대응기구를 만든다. 미국도 보수의 본산인 텍사스주에 특수부대를 풀어 계엄령을 선포한 뒤 대선을 취소하려 한다는 '정권연장 음모론'으로 한때 곤혹을 치룬다.

거짓정보를 이용하는 목적은 '적진을 와해시키고 내정에 혼란을 가져오기 위해서'다. 러시아 美 대선 개입 의혹도 마찬가지다. SNS 중독현상이 심각하다. 악플을 다는 이유를 물어보면

욕이라도 먹고 싶다며 그냥 관심 받고 싶어서다. 대인관계가 예민해서 직접 사람 만나는 게 부담이 되고 자존감이 떨어지거나 불안해 뭔가 재확인을 받으려는 심리적인 이유다. 유언비어는 정보부족에 의한 불확실성 때문에 소문이 퍼진다. 유언비어 앞에서는 진실도 사라진다. 순식간에 벌떼처럼 달려들어 사이버 폭격을 가한다. 선의의 피해자가 발생한다. 침묵의 나선 이론(The spiral of silence)이다. 다수가 공유하는 생각인데도 모두 말하기를 꺼려해서 실제와 반대되는 쪽으로 끌려가는 현상이다. 개인이 스스로 방어할 수단이 별로 없다. 특히 기밀 정보 접근권과 면책특권을 가진 국회의원의 막말은 유언비어 생산의 근원지다. 설마 국회의원이 말했는데 틀리겠어? 그대로 믿어버린다.

독일은 SNS를 통해 폭력선동 등 유해게시물은 신고즉시 삭제를 의무화했다. 우리도 자살, 폭발물 제조 등 유해 게시물 신고 시 심의 후 삭제한다. 제도적인 장치보다 의식이 문제이다. 위험한 사회다. 유언비어보다 유언비어를 통해 카타르시스(Katharsis)를 느끼는 사회가 더 큰 문제다. 유언비어 · 괴담 등 유포는 사이버 폭력이자 범죄다. 사회 · 경제적 손실이 크다. 정치인의 무책임한 선동성 막말이 온라인 등 언론을 통하면 더 큰 혼란을 야기한다. 국민이 권력자인 우리들에게 '내통이 아닌 소통'이 필요한 때이다.
(출처: 한강타임즈 이영진의 세상돋보기, 2016. 11. 24.)

2. 페이스북

1) 페이스북의 정의

페이스북(Facebook)은 온라인에서 사용자 간에 의견, 생각, 경험 등을 서로 공유하며 인맥을 새로 쌓거나 기존의 인맥을 관리할 수 있는 소셜 네트워크 서비스(SNS)이다. 미국에서 가장 성공한 소셜 네트워크 서비스 중 하나로, 한국의 싸이월드와 유사한 서비스를 제공한다. 2012년 5월 현재 나스닥 상장 회사로서, 미국 캘리포니아주(州) 서부에 있는 팰러앨토(Palo Alto)에 본사가 있다.

미국 나이를 기준으로 13세 이상이면 누구나 이름 · 이메일 · 생년월일 · 성별 기입만으로 간단하게 회원으로 가입할 수 있으며, '친구 맺기'를 통하여 많은 이들과 웹상에서 만나 각종 관심사와 정보를 교환하고, 다양한 자료를 공유할 수 있다. 2008년 말부터 세계 최대의 SNS 사이트였던 마이스페이스(MySpace)를 따돌리고 SNS 분야 선두주자로 나섰고, 2009년 9월 가입자 수 3억 명을 돌파하였다. '세계 모든 사람들을 연결시키겠다'는 목표를 지닌 페이스북의 자체 통계에 따르면, 가입자의 70%는 미국이 아닌 다른 국가에 거주하는 사람들로 나타났으며, 2016년 기준 가입자수가 15억여 명에 이르렀다.

2) 페이스북 계정 만들기

① 페이스북 홈페이지(https://www.facebook.com) 방문한다.

② 성, 이름, 휴대폰 번호 또는 이메일, 재입력, 새 비밀번호, 생일, 성별을 입력하고 가입하기 단추를 클릭한다.

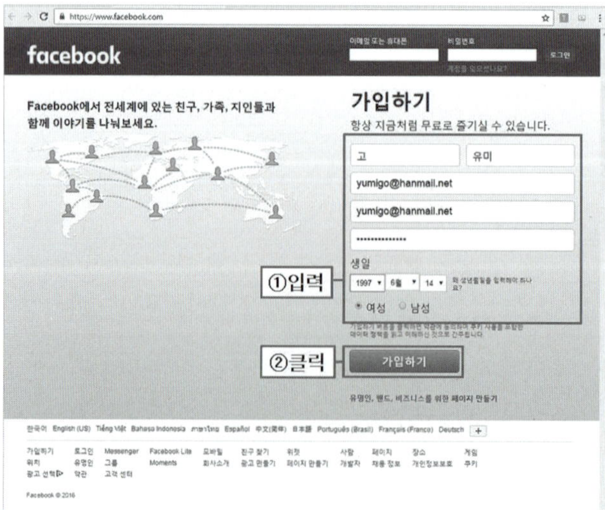

③ 보안 확인창에 나타난 자동가입방지 문자를 보이는 그대로 입력한다. 가입약관을 모두 읽어본 후 동의 사항을 모두 체크하고 나서 가입하기 단추를 클릭한다.

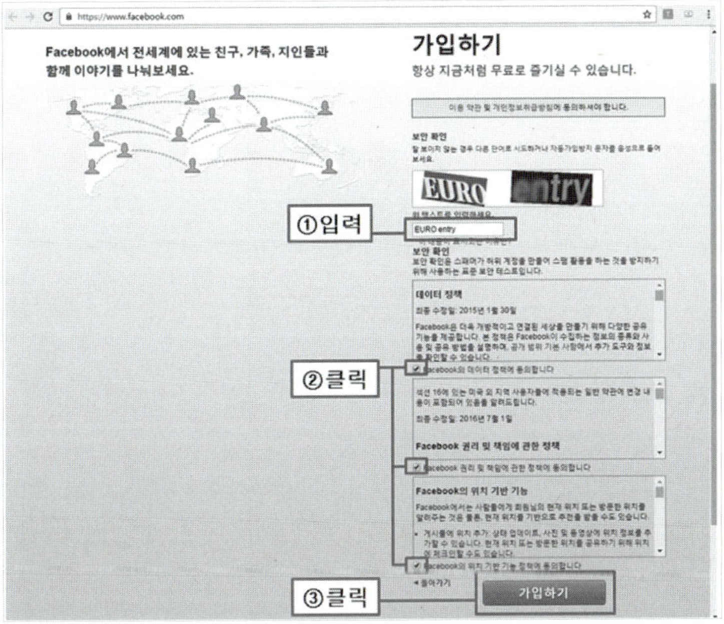

④ 1단계 친구 추가 창에서 추가할 친구가 있는 경우 같은 줄에 있는 친구 추가한다. 단추를 클릭하며 없는 경우 우측 하단에 다음 단추를 클릭한다.

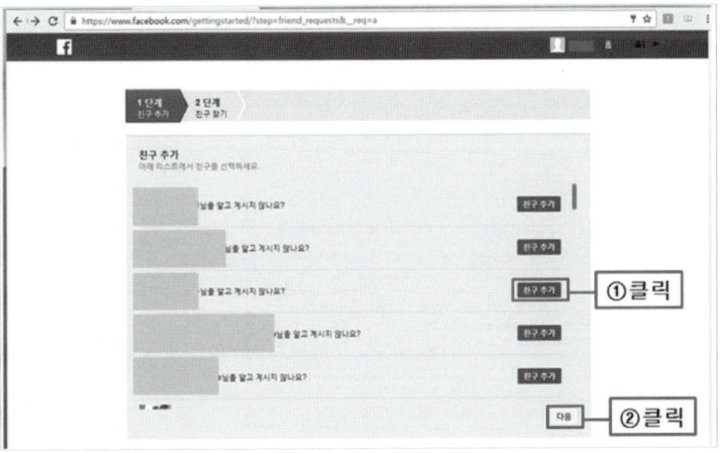

⑤ 2단계 친구 찾기 창에서 본인의 다른 이메일 계정을 검색하여 친구를 추가할 수 있으며, 이메일 주소 및 비밀번호를 입력하고 친구 찾기를 클릭한다. 친구 찾기를 시행하였거나 다른 이메일 계정을 검색하지 않을 경우 우측 하단의 다음을 클릭한다.

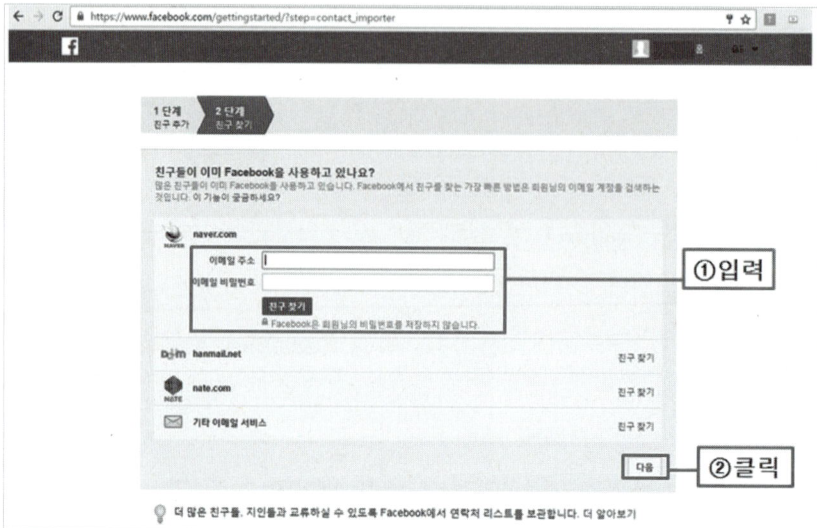

⑥ 가입 절차를 완료하기 위해 '이메일로 이동' 단추를 클릭한다.

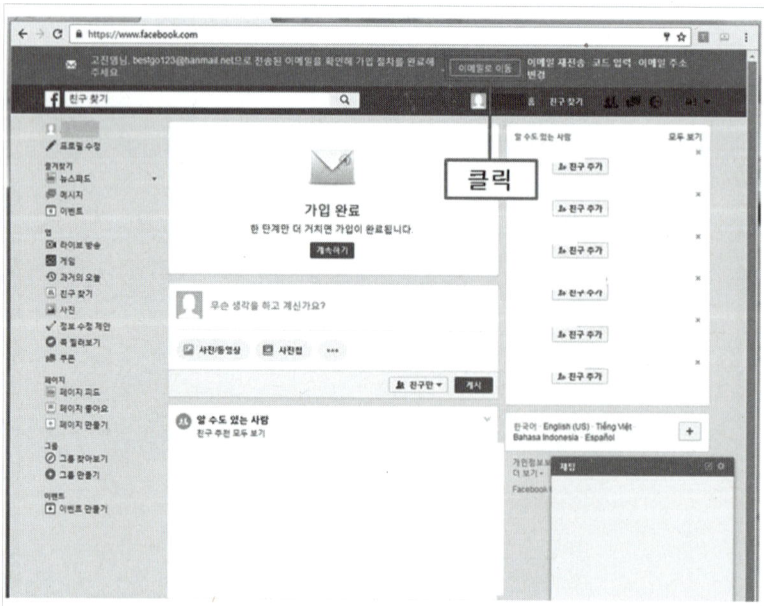

⑦ 가입할 때 입력한 이메일 주소로 전송된 확인 이메일을 열어 계정 확인 단추를 클릭한다.

3) 페이스북에서 사용하는 다양한 용어들

① 뉴스피드: 내가 올린 글과 친구들이 올린 글이 보이는 곳으로, '인기소식'순과 '최신 글'순 두 가지 방법으로 정렬할 수 있다.

② (페이지) 좋아요: 등록된 글에 좋아요를 눌러 공감을 표시한다. '좋아요'를 한 글이나 사진 등은 내 페이스북 뉴스피드에 공유된다.

③ 친구: 페이스북의 친구를 의미하며 '페친'이라고도 한다. 개인 계정은 최대 5,000명까지 친구를 추가할 수 있다.

④ 타임라인: 내 프로필 페이지의 기능을 하는 곳으로 나의 정보, 활동 로그 등을 시기별로 한눈에 볼 수 있다.

⑤ 그룹: 같은 관심사에 따라 묶어놓은 모임으로, 그룹에 등록한 글은 그룹에 가입한 회원들에게만 나타난다.

⑥ 메시지: 1:1 대화 기능으로 지정한 친구와만 대화할 수 있다.

⑦ 공유하기: 공유 위치, 공개 범위 등을 설정할 수 있으며 나의 의견을 함께 올릴 수 있다.

3. 인스타그램(Instagram)

1) 인스타그램의 정의

인스타그램(Instagram)은 '인스턴트'(instant)와 '텔레그램'(telegram)이 더해진 단어로, 사진 및 동영상을 공유할 수 있는 3세대 소셜 네트워크 서비스(SNS)이다. 2014년 12월 인스타그램은 전 세계 월간 활동사용자(MAU) 수가 3억 명을 돌파했으며, 총 300억 장의 사진이 게재됐다고 밝혔다. 2014년 12월 기준으로 인스타그램에는 하루 평균 7,000만 장의 사진이 올라와 공유되며, 인스타그램에 달리는 '좋아요' 수는 25억 개다. '세상의 순간들을 포착하고 공유한다'(Capturing and sharing the world's moments)라는 슬로건을 내걸고 2010년 출시됐다. 창업자는 스탠포드대학 선후배 사이인 케빈 시스트롬과 마이크 크리거다.

2) 인스타그램 가입하기

① 인스타그램 홈페이지(https://www.instagram.com)에 접속한다.

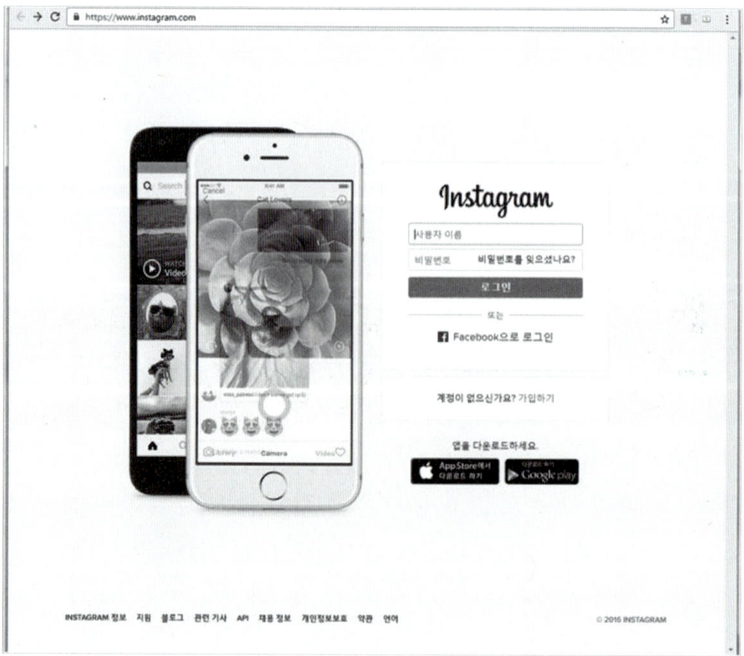

② 가입하기를 클릭한다.

③ 이메일과 이름, 사용자 이름, 비밀번호를 입력한 후 가입 버튼을 클릭한다.

3) 인스타그램 용어

① 해시태그(Hashtag): #뒤에 특정 단어를 넣어, 그 주제에 대한 글이라는 것을 표현한다. 예를 들어, 여행에 대한 글인 경우 '#여행' 등을 입력한다. 검색의 편리함을 위해 도입된 기능이지만, 특정 주제에 대한 관심과 지지를 드러내는 방식이나 수단으로 사용되기도 한다.

② 팔로우(Follow): 친구 추가

③ 팔로워(Follower): 나에게 관심 있는 사람으로 나를 추가한 친구

④ 팔로잉(Following): 내가 관심 있는 사람으로 추가한 친구

⑤ 맞팔: 사용자가 서로 팔로우하는 경우

⑥ 선팔: 팔로우를 먼저 하는 경우

⑦ 언팔: '언팔로우(Unfollow)'의 줄임말로 팔로우를 취소하는 경우

4. 라인

1) 라인의 정의

라인(LINE)은 네이버의 일본 내 계열사인 라인 주식회사가 2011년 6월 23일에 출시한 모바일 메신저로 국내 서비스는 2011년 8월 31일부터 시작했다. 현재 세계 230개국에서 6억 명 이상의 가입자를 확보하여 국내보다 국외 이용자가 훨씬 많은 것이 특징이다. 라인으로 무료 메시지 대화, 실시간 그룹 대화 및 음성통화 등이 가능하며, 친구들과 사진, 동영상, 위치정보 등도 공유할 수 있다. 모바일 기기와 PC에서 모두 사용할 수 있지만 여러 모바일 기기 및 태블릿에서 동일한 아이디를 사용할 수는 없다.

2) 라인 시작하기

라인은 모바일 메신저인 만큼 전화번호로 간단히 계정을 만들 수 있으며, 계정 생성 후 네이버 아이디를 등록해 두면 네이버 아이디로도 로그인을 할 수 있다. 모

바일상에서 라인 계정을 만들고 시작해 보자(안드로이드 기기용).

① 구글 Play 스토어에서 라인(LINE)을 다운로드한다.
② [가입]을 눌러 새로운 계정을 만든다.
③ 전화번호를 입력하고 [다음]을 누른다.

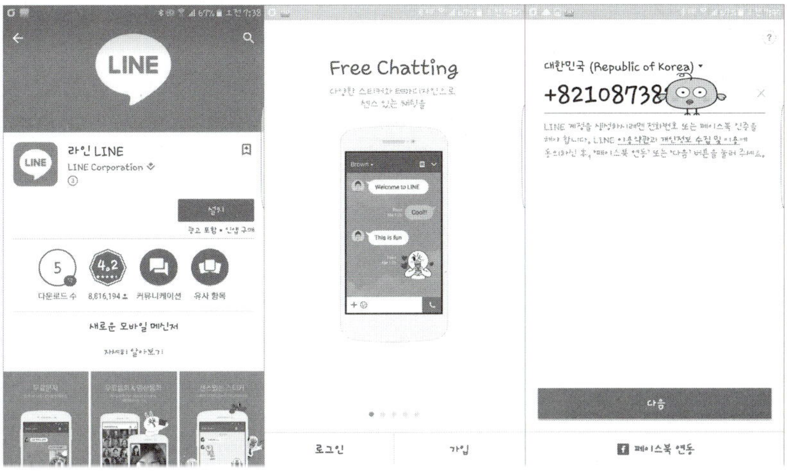

④ 인증번호가 입력되고 자동으로 넘어간다.
⑤ 이름과 사진을 등록하고 [등록]을 누른다
⑥ 데이터 동기화가 끝나고 친구들이 나타난다.

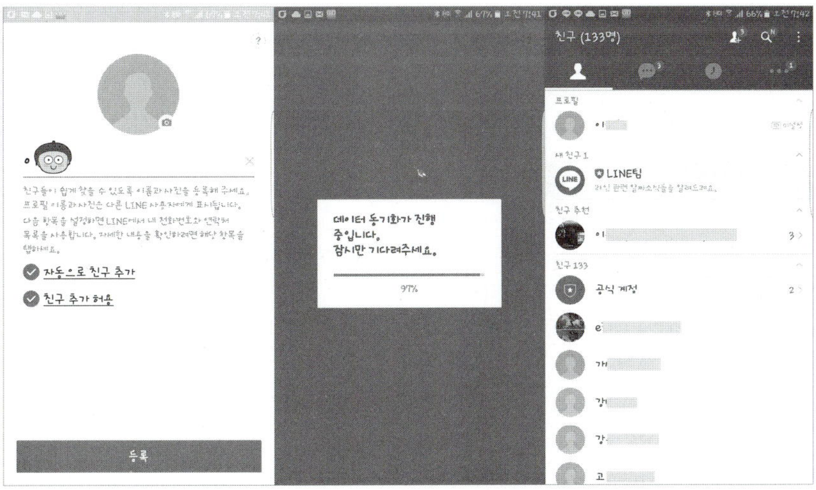

3) 라인 활용하기

① 멀티미디어 대화하기: 라인의 대화하기는 친구와의 1:1 대화나 여러 명의 그룹대화가 가능한 메뉴로, 대화방에서 사진, 동영상, 파일 등을 공유하여 멀티미디어 대화를 즐길 수 있다. 라인 스티커를 활용하면 글자를 대신하여 상황에 맞게 다양한 느낌과 감정을 표현하여 대화할 수 있다.

② 대화 노트 사용하기: 친구와 대화하는 중에도 쉽게 메모를 할 수 있고, 이미지와 동영상은 물론 위치까지 함께 기록하여 저장할 수 있다.

③ 무료 음성통화: Wi-Fi 환경에서는 전 세계 어디에 있는 친구들과도 무료로 음성 및 영상통화가 가능하다.

④ 타임라인: 타임라인은 나와 친구가 올린 글이나 스티커, 이미지 등이 시간순으로 표시되는 공간으로, 친구들의 활동을 실시간으로 볼 수 있고 나의 소식을 친구들과 공유할 수 있다.

⑤ 홈: 내가 타임라인에 올린 게시물이 표시되는 나만의 공간으로, 나의 프로필과 스킨 사진을 볼 수 있다. 홈에 올린 내용은 친구의 타임라인에도 표시된다.

학습 평가

01 다음의 괄호 안에 들어갈 말을 쓰시오.

(   ) 는 웹사이트라는 온라인 공간에서 공통의 관심이나 활동을 지향하는 일정한 수의 사람들이 일정한 시간 이상 공개적으로 또는 비공개적으로 자신의 신상 정보를 드러내고, 정보 교환을 수행함으로써 대인관계망을 형성토록 해주는 웹 기반의 온라인 서비스로 정의될 수 있다.

02 현재 자신이 활용하고 있는 SNS를 소개해 보시오. 만약 활용하고 있지 않다면 그 이유에 대하여 설명하시오.

03 다음은 어떤 소셜 네트워크 서비스에서 사용하는 용어인가?

해시태그, 팔로우, 팔로잉, 팔로워

Memo

CHAPTER

06 정보처리능력

학습목표

정보화 시대에 필요한 정보의 핵심적인 특징을 파악하고 정보수집의 절차를 설명할 수 있으며 이를 통한 각 분야의 정보처리 방법에 대한 능력을 함양할 수 있다.

세부목표

1. 정보화 시대에 내가 할 수 있는 일이 무엇인지 알 수 있다.
2. 정보수집에 대하여 설명할 수 있다.
3. 정보분석절차에 대하여 설명할 수 있다.
4. 정보관리에 대하여 설명할 수 있다.
5. 정보활용에 대하여 설명할 수 있다.

주요용어

정보수집 | 정보분석 | 정보관리 | 정보활용

1. 정보수집

1) 정보원

정보수집은 다양한 정보원으로부터 목적에 적합한 정보를 입수하는 것이라 할 수 있다. 정보수집의 목적에는 여러 가지가 있겠지만, 최종적으로는 '예측'을 잘하기 위해서다. 과거의 정보를 모아 연구하는 것도 결국 장래가 어떻게 될까를 예측하기 위해서다. 우리는 흔히 필요한 정보를 수집할 수 있는 원천을 정보원(sources)이라 부른다. 정보원(sources)은 정보를 수집하는 사람의 입장에서 볼 때 공개된 것은 물론이고, 비공개된 것도 포함되며 수집자의 주위에 있는 유형의 객체 가운데서 발생시키는 모든 것이 정보원이라 할 수 있다(정보능력학습자용 워크북).

이러한 정보원(sources)은 크게 1차 자료와 2차 자료로 구분할 수 있다. 1차 자료는 원래 연구 성과가 기록된 자료를 의미한다. 2차 자료는 1차 자료를 효과적으로 찾아보기 위한 자료 혹은 1차 자료에 포함되어 있는 정보를 압축·정리해서 읽기 쉬운 형태로 제공하는 자료를 의미한다.

2) 정보수집 방법

정보를 수집하려면 효과적인 정보수집의 접근방법을 습득하여야 한다. 그러면 정보를 수집하는 데는 어떤 방법의 순서로 진행하는 것이 좋은가? 맥킨지의 문제해결 기술에서 효과적 정보수집 방법의 프로세스로 다음과 같이 진행하는 것을 제시하고 있다.

① 목적과 배경을 파악한다. 모든 일을 시작할 때는 어떤 경우라도 목적과 배경을 분명히 하지 않으면 안 된다. 그렇지 않으면 잘못된 방향으로 흐르기 때문이다.
② 알아둘 것을 명확히 한다. 목적과 배경을 이해한 뒤에 무엇을 알면 되는지 구체적으로 생각하는 것이다.
③ 정보원을 정확히 파악한다. 정보는 누군가에 의해서 발신되고 있다. 정보 발신자에 대해서 자세히 아는 것이 매우 중요하다.

④ 전체를 이해한다. 전체를 파악한 후 세부적인 관점에서 수집한다. 이것은 상당히 중요한 일이다.

⑤ 다양한 관점으로 수집한다. 수집한 정보를 정리하고 세부적인 숨겨진 의미까지 생각할 수 있다면 대단한 능력이다.

이와 같이 정보수집에 있어서 목적에 따라 방법이 달라진다. 먼저 목적과 배경을 명확히 하면 전체에 대한 파악이 가능하기 때문에 명확한 정보수집을 할 수 있다. 또한 평상시 정보원에 대한 지식을 가지고 있다면 생산성 높은 정보수집이 가능하다. 정보수집에서 데이터의 차트화가 필요하다. 차트 작성의 목적은 보기 좋은 자료를 제시하려는 것이 아니라, 데이터가 나타내는 것을 쉽게 이해하고 일목요연한 그래픽의 차트화는 전체적으로 쉽고 빠르게 정보를 제시하기 때문에 어떤 데이터를 사용하여 분석해야 하는지 힌트를 얻을 수 있기 때문이다(국가직무능력표준NCS 정보능력의 이해, 정영철 외 2명, 2015).

활동

목적에 맞는 정보를 수집하기 위해서는 우선 정보가 왜 필요한지를 인식할 필요가 있을 것이다. 필요하지도 않은 정보를 수집하는 것은 무의미한 일이기 때문이다. 정보가 왜 필요한지를 인식하였으면 그 다음으로 정보를 어디서 수집할 수 있는지 정보원을 탐색하여야 할 것이다. 다음의 질문을 읽고 자신의 경우를 생각하면서 빈 칸을 채워보도록 하자.

1. 당신은 출퇴근용으로 자동차를 하나 구입하려고 한다. 가장 효율적으로 자동차를 구입하려면 어떤 사항들을 고려하여 결정을 내려야 할까? 가장 적당한 차를 사기 위해서 어떤 의사결정을 해야 하고, 그 의사결정을 하기 위해서 무슨 정보를 알아야 하는지 생각해보고 구체적으로 필요한 정보를 제시해보도록 하자.

의사결정 사항(정보의 필요성 인지)	필요한 정보

2. 당신은 회사에 입사하여 첫 번째 과제로 '당신의 회사에 속한 조직원들이 생각하는 회사에 대한 태도의 직급별 차이'에 대하여 보고서를 작성해서 제출해야 한다. 당신은 어떻게 이 문제 상황을 해결해서 좋은 결과를 얻을 수 있는지 생각해보도록 하자.

① 보고서를 작성하기 위해 당신이 해야 할 일과 과정을 나열해 보자.

② 보고서 작성을 위해 당신이 필요로 하는 정보를 모두 나열해 보자.

③ 위에서 분석된 사항을 가지고 의사결정에 해당되는 사항과 필요한 정보를 연결해 보자.

의사결정 사항(정보의 필요성 인지)	필요한 정보

2. 정보분석

정보분석이란 여러 정보를 상호 관련지어 새로운 정보를 생성해내는 활동이다. 정보를 분석함으로써 한 개의 정보로써 불분명한 사항을 다른 정보로써 명백히 할 수 있으며, 서로 상반되거나 큰 차이가 있는 정보의 내용을 판단해서 새로운 해석을 할 수도 있다. 일반적인 정보분석의 절차는 다음과 같다.

[정보분석 절차]

분석과제발생 → 과제분석 → 조사항목선정 → 관련정보수집
조사 → 수집정보분류 → 항목별분류 → 종합 → 배포

수집된 정보는 분석과제의 발생에 따라 과제를 분석한다. 이때 조사항목을 선정하여 관련 정보를 수집한다. 기존자료와 신규자료를 조사하여 수집한 정보는 분류하여 분석한 후 종합하여 결론을 내린다. 그리고 마지막으로 정보를 정리·관리하여 사용자가 활용하도록 배포한다(정영철 외 2인, 2015).

좋은 데이터가 있어도 그것을 평범한 것으로 바꾸는 것만으로는 훌륭한 분석이라고 할 수 없다. 훌륭한 분석이란 하나의 메커니즘을 그려낼 수 있고, 동향, 미래를 예측할 수 있는 것이어야 한다. 그러나 반드시 고도의 수학적 기법을 요구하는 것만은 아니다. 이렇게 1차 정보를 분석하고 압축·가공하여 2차 정보를 작성하게 된다. 먼저 1차 정보가 포함하는 내용을 몇 개의 설정된 카테고리로 분석하여 각 카테고리의 상관관계를 확정한다. 그리고 1차 정보가 포함하는 주요 개념을 대표하는 용어(key word)를 추출하며, 이를 간결하게 서열화 및 구조화하여야 한다.

사례

업무를 수행하는 데 정보를 산더미처럼 수집하였다고 해서 그것이 모두 의미 있는 정보는 아니다. 수많은 정보 중에서 필요한 부분을 분석하여 목적에 맞도록 정보를 가공하여야 의미 있는 결론을 도출해낼 수 있다. 정보를 분석하고 가공하는 것은 왜 중요한 것일까?
예를 들어, 신상품 기획을 하기 위해서는 적어도 1년 정도 앞서서 계획을 수립하고 상품을 개발해야 하기 때문에 다각도의 정보를 수집하여 분석하여야 한다. 불확실한 장래를 예측하

기는 어렵지만, 체계적으로 정보를 수집하여 분석한다면 불확실성을 어느 정도 줄일 수 있을 것이다.

다음은 효과적인 정보분석을 통하여 목적을 달성한 사례들이다. 여기에서는 기업의 사례 위주로 제시가 되었지만, 정보분석의 중요함은 개인에게 있어서도 예외는 아닐 것이다. 사례를 읽고 정보분석의 중요성에 대해서 생각해보도록 하자.

『일본기업의 정보분석』

수년 전 일본의 한 종합상사의 원목 담당자는 구 소련(러시아)의 농산물 작황이 부진하다는 정보를 입수하였다. 이러한 정보는 누구나 쉽게 알 수 있는 단순한 정보에 불과하였다. 그러나 그는 이 정보를 논리적으로 분석하여 업무에 활용함으로써 큰 효과를 얻었다. 그는 우선 소련의 농산물 작황이 부진하니 당연히 외국으로부터 곡물을 도입할 것이고, 이러한 곡물 도입을 위해 자금이 필요한데, 보유외환이 부족하기 때문에 자국에 보유하고 있는 금을 매각하지 않을 수 없을 것이라는 점을 쉽게 유추할 수 있었다.

소련의 곡물 도입을 위한 보유금의 국제시장 매각은 일시에 국제 금시장에 다량의 금이 공급되는 것을 의미하므로, 이는 곧 금의 공급과잉, 즉 국제 금시세 하락으로 이어질 것이라는 사실을 짐작할 수 있었다. 이러한 금시세의 하락은 소련으로 하여금 더 이상 금매각을 통한 자금조달을 어렵게 만들 것이므로, 다른 원목의 매각이 불가피하게 될 것이며, 이에 따라 결국 국제 원목값이 하락 할 것이라는 시나리오를 그릴 수 있었다.

이에 따라 원목가격이 하락하기 전에 자사 보유 원목을 제값에 국제시장에 매각함으로써 적정이윤을 확보할 수 있었다. 이는 농산물 작황이라는 단순정보보다 분석이 영업에 더 중요함을 보여주는 예이다.

『한 물리학자의 비행추진연료로 개발기술 입수』

제2차 세계대전 시 소련은 무인 장거리 로켓포 개발의 핵심기술인 비행추진연료 기술을 습득하려고 하였다. 이를 위해 소련의 한 물리학자가 이 기술을 획득하기 위해 독일에 여행을 하게 되었다. 그는 독일을 방문하여 독일의 무인로켓트 제작공장을 견학하였으나, 현지 공장에서는 기술 노출을 기피하였으므로 비행추진연료 개발기술의 입수에 실패하였다.

그는 이 기술을 입수하기 위한 방법을 생각한 끝에 무인로켓트 제작공장으로 향하는 화물운송열차의 궤도와 운송화물을 점검하기로 하였다. 그리고 철도 정류장에서 운송화물 리스트를 입수하였다. 그후 그는 소련으로 귀국하여 운송화물 리스트를 분석하고 열차궤도 등을 분석하여 사용된 원료의 배합비 등을 알아냄으로써 동 비행추진연료를 개발할 수 있었던 것이다.

『경쟁사의 핵심정보 분석』

경쟁전략 등의 효과적인 수행을 위해 상대기업의 조직구조 등에 관한 정보가 필요한 경우가

매우 많다. 이때 상대기업에서 사내 조직구조를 외부에 쉽게 노출시키지 않고 있다면, 그 정보를 몰래 빼내 오기 위한 여러 방법이 강구될 수 있을 것이다.

그러나 이는 엄연히 불법적인 경우이므로 공개적인 정보원(sources)을 통해 입수된 정보를 통해 상대기업의 기구표 등을 작성할 수도 있다. 흔히 기업들의 전화번호부는 공개되어 있는 경우가 많고, 이를 입수하는 데 별 어려움이 없을 때가 많다. 이 경우 그 기업의 전화번호부를 분석함으로써 상세한 기구표를 작성할 수 있다. 사실 특정 회사의 전화번호부만 입수하여 몇 개 기업의 조직도와 전화번호부를 유심히 관찰하게 되면, 상세한 기구표를 작성할 수 있는 방법을 그리 어렵지 않게 발견할 수 있을 것이다. 즉, 약간의 훈련을 통해 이러한 분석능력을 습득할 수 있을 것이다. 또한 이를 통해 당해 회사의 예산까지도 추정할 수 있는 것이다.

활동

1. 업무를 수행함에 있어서 정보를 분석하고 가공하는 것은 곧 1차 정보를 2차 정보로 변환하는 것을 의미한다. 1차 정보와 2차 정보의 차이점에 대한 각자의 생각을 적어보자.

2. 현재 자신이 하고 있는 업무를 생각하면서 가장 이슈가 되는 현황을 적어보고, 다음의 플로우차트를 작성해보자.

[현황파악]

전략적 의미 도출

구체적 실행의 표현

•
•
•
•
•
•

3. 당신은 업무를 수행하면서 수많은 정보를 취급하고 있을 것이다. 정보의 분석이란 이러한 수많은 정보를 상호관련지어 새로운 정보로 생성해내는 활동을 의미한다. 정보를 분석할 때 전략적 분석 방법을 많이 활용한다. 전략적 분석 방법이란 아래의 그림에서 볼 수 있듯이 현황 파악, 전략적 의미 도출, 구체적 실행의 표현 등의 절차를 따르게 된다. 다음은 '하늘은 푸르다'라는 하나의 현황으로부터 전략적 의미를 도출하여 구체적으로 실행하여야 할 것들을 도출해나가는 과정이다. 각자의 생각을 빈칸에 채워 넣어보도록 하자.

현황파악	▶	전략적 의미 도출	▶	구체적 실행의 표현
하늘은 푸르다.	▶	*비는 내리지 않는다.*	▶	*우산을 놔두고 간다.*
			▶	*도로는 혼잡하지 않으므로 차로 간다.*
	▶		▶	
			▶	
	▶		▶	
			▶	
	▶		▶	
			▶	

3. 정보관리

어떤 정보를 언제 어떤 이유로 소장하게 되었는지 기록하거나 분류하면 필요시 문제해결 및 새로운 지식 생산에 효율적으로 활용할 수 있다. 최근에는 컴퓨터를 활용한 정보의 습득이 빈번하므로, 컴퓨터 내에서 기준을 가지고 목록화하여 정보를 관리한다면 시간적으로나 효율적으로 정보를 언제든지 활용할 수 있다.

같은 정보를 필요할 때마다 찾고, 또 찾는다면 정보를 찾는 데 드는 시간과 노력은 낭비이며, 정보를 찾는 시간만큼 뒤처지게 된다. 따라서 필요한 정보를 찾는 가장 효과적인 방법은 먼저 그 정보가 자신한테 있는 정보인지 확인하고 시작하는 것이다. 그러자면 자신한테 있는 정보를 체계적으로 관리해두어야 한다. 따라서 어떤 정보를 언제 어떤 이유로 소장하게 되었는지 기록해두거나 분류해두는 것이 매우 중요하다.

정보목록은 정보에서 중요한 항목을 찾아 기술한 후 정리하면서 만들어진다. 예를 들어, 업무 보고서를 쓰기 위해 책을 10권 찾았을 경우, 찾은 책에 대한 저자, 출판일, 제목, 출판사순으로 기술한 후 저자의 가나다순으로 배열을 한다면 10권의 책을 목록으로 만든 것이다. 이렇게 한번 목록을 만들기 시작한 다음 워드프로세서, 엑셀같은 프로그램을 이용해서 목록파일을 저장해 놓으면, 후에 다른 정보를 찾았을 때 저자의 가나다순에 맞춰 새로운 정보를 추가하는 것은 간단한 일이다.

정보내에 포함되어 있는 키워드나 단락과 같은 세부적인 요소나 정보의 주제, 사용했던 용도로 정보를 찾고자 할 때는 목록을 가지고서 쉽게 찾을 수가 없다. 예를 들어, 『정보사회의 이해』라는 책 속에서 '정보과잉'이라는 현상이 설명되어 있다면 나중에 '정보과잉리스크'라는 정보를 찾고 싶을 때 어느 책에서 봤는지 기억하는 것은 쉽지 않다. 이런 문제를 해결하기 위해 주요 키워드나 주제어를 가지고 소장하고 있는 정보원(sources)을 관리하는 방식이 색인을 이용한 정보관리이다. 목록은 한 정보원(sources)에 하나만 만드는 것이지만, 색인은 여러 개를 추출하여 한 정보원(sources)에 여러 색인어를 부여할 수 있다. 색인은 정보를 찾을 때 쓸 수 있는 키워드인 색인어와 색인어의 출처인 위치정보로 구성된다. 카드를 이용해서 색인을 만들 경우, 장점은 컴퓨터를 켜지 않고도 책이나 학술지를 읽다가 간단하게 내용을 기록하기에 편리하고, 가지고 다니기도 쉽다는 것이다. 색인카드는 크기별로 구입도 쉽다. 만든 색인카드는 카드함에 가나다순으로 정렬할 수 있고, 새로운 색인카드가 추가될 때마다 기존의 카드 사이에 끼워넣기만 하면 된다. 디지털 파일에 색인을 저장, 관리하는 방식도 기본 구조는 색인카드와 크게 다를 것이 없다. 단, 디지털 파일에 색인을 저장할 경우 추가와 삭제, 변경이 쉽다는 점에서 정보관리에 효율적이다.

사례

『 L씨의 도서목록표 』

N사의 L씨는 평소에 업무 보고서를 작성할 일이 많다. L씨가 담당하는 업무는 주로 관련 문헌을 찾아 정리하는 일이므로, 보고서를 작성하기 위해서는 도서를 많이 구입할 수밖에 없다. L씨는 보고서를 쓰기 위해 책을 찾았을 경우, 이를 저자, 출판일, 제목, 출판사 순으로 기술한 후 저자의 가나다순으로 배열을 하여 엑셀파일로 저장을 하여 두었다. 또한 주제별로도 구분하여 정리하여 유사한 주제의 업무지시가 있을 경우 바로 관련 문헌을 찾을 수 있도록 정리하여 놓았다. 이렇게 찾은 정보를 6년간 계속 정리해 놓았더니, 이제 L씨는 새로운 업무가 있어도 별도로 관련 문헌을 찾는 데 시간을 허비하지 않게 되었다.

『 S씨의 색인카드 』

L사의 인사부서에서 근무하는 S씨는 L사에 근무하는 직원들의 개인정보를 관리하는 업무를 담당하고 있다. L사에 근무하는 직원은 수천 명에 달하기 때문에 S씨는 주요 키워드나 주제어를 가지고 직원들을 구분하여 색인카드를 활용함으로써 정보를 관리하고 있다. 색인카드를 활용함으로써 직원은 수천 명이지만, 색인어에 따라 직원들의 정보를 구분하여 관리하다 보니 찾을 때도 쉽고 내용을 수정할 때도 보다 간편하게 되었다.

활동

직장생활에서 업무를 수행하거나 혹은 일상생활에서 관리해야 하는 정보는 수없이 많을 것이다. 업무와 관련된 도서목록, 신문기사, 주변인물, 파일, 사진 등이 바로 그것이다. 그렇다면 당신은 이렇게 수많은 정보를 어떻게 관리하고 있는가? 별도의 정리박스를 활용하고 있는가 아니면 컴퓨터 파일로 저장하여 관리하고 있는가? 자신의 경우를 생각하면서 아래의 질문에 답해보도록 하자.

1. 평소 업무를 수행하면서 별도로 관리하고 있는 정보에는 어떠한 것들이 있는지 적어 보도록 하자.

▫ 업무관련 인물 이름, 연락처, 이메일 주소, 주소 등 ▫ ▫ ▫ ▫

2. 위와 같은 정보를 관리하고 있는 방법을 적어보도록 하자.

▫ 엑셀 파일로 정리하여 관리 ▫ ▫ ▫ ▫

4. 정보활용

정보를 수집·관리하였다고 하여 모두 활용할 수 있는 것은 아닐 것이며, 모두 유용한 것은 아니다. 정보활용은 물론 수집한 정보를 그대로 활용하는 경우도 있지만, 일정한 형태로 표현하여 장래에 활용되는 정보까지 매우 다양한 활용 형태가 존재하고 있다

[정보활용 형태]

- 수집한 정보를 그대로 활용한다.
- 수집한 정보를 그대로 활용하되 일정한 형태로 표현하여 활용한다.
- 수집한 정보를 정리, 분석, 가공하여 활용한다.
- 수집한 정보를 정리, 가공하여 활용하되 일정한 형태로 표현하여 활용한다.
- 생산된 정보를 일정한 형태로 재표현하여 활용한다.
- 일정한 형태로 표현한 정보, 한 번 이용한 정보를 보존 정리하여 장래에 활용한다.

그렇다면 모든 정보는 유용하며 활용 가능한 것인가? 정보는 크게 동적정보와 정적정보로 구분할 수 있다. 동적정보는 시시각각으로 변화하는 정보를 의미한다. 반대로 보존되어 멈추어 있는 정보를 정적정보(저장정보)라고 한다. 신문이나 텔레비전의 뉴스는 상황변화에 따라 수시로 변하기 때문에 동적정보이다. 반면에 잡지나 책에 들어 있는 정보는 정적정보이다. CD-ROM이나 비디오테이프 등에 수록되어 있는 영상정보도 일정한 형태로 보존되어 언제든지 동일한 상태로 재생할 수 있기 때문에 정적정보로 간주할 수 있다.

우리에게 문제가 되는 것은 동적정보이다. 밀려와서 쌓이기만 하는 정보의 대부분은 동적정보이다. 이들 정보는 미련없이 버려도 아무 상관없다. 오히려 정보를 입수한 그 자리에서 판단해 처리하면 미련없이 버릴 수 있다는 점이 동적정보의 특징이다. 그런 줄도 모르고 보통의 사람들은 물건과 마찬가지로 아깝다고 생각한 나머지 모아두는 경우가 보통이다.

예를 들면, 신문기사 오려두기가 있다. 인터넷을 활용하기 전까지 대부분의 사람들은 매일 많은 신문기사를 저장했다. 이러한 행위는 직장상사로부터는 칭찬을 받을지 모르지만 실제 업무에는 거의 활용 가능성이 없다. 동적정보는 유통기한이 있기 마련이다. IT시대를 사는 비즈니스맨의 입에서는 '모아 둔 정보가 아깝다'는 말이 나와서는 곤란하다.

사회 현상이 복잡해지고 다양해짐에 따라 컴퓨터 활용 분야는 매우 광범위하게 늘어나고 있다. 수많은 정보를 인간이 직접 관리하고 처리하기에는 한계가 있기 때문에 기업, 행정, 산업, 가정, 교육 등의 여러 분야에서 컴퓨터가 활용되고 있다. 한국산업인력공단 정보능력 학습자용 지침서는 다음과 같이 소개하고 있다.

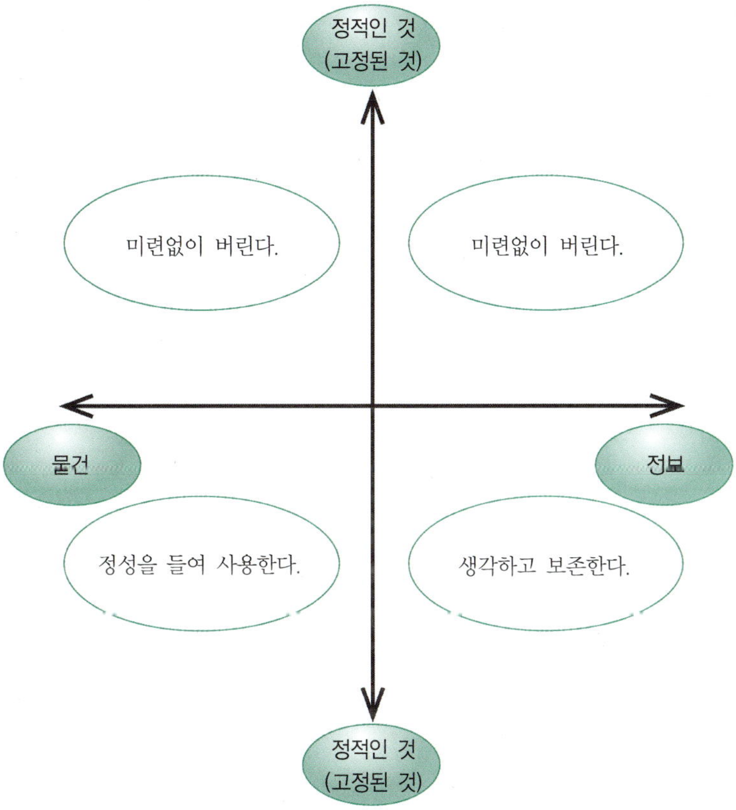

1) 기업경영 분야에서의 활용

기업경영에서는 생산에서부터 판매, 회계, 재무, 인사 및 조직관리는 물론 금융 업무까지도 컴퓨터를 널리 활용하고 있다. 경영정보시스템(MIS; Management Information System)이나 의사결정지원시스템(DSS; Decision Support System) 등은 기업경영에 필요한 정보를 효과적으로 활용할 수 있도록 지원해 주어 경영자가 신속한 의사결정을 할 수 있도록 해 준다. 또한 사무 자동화(OA: Office Automation)가 이루어져 문서작성과 보관은 물론, 컴퓨터로 업무를 결재하는 전자결재 시스템이 도입

되어 업무 처리의 효율을 높이고 있다.

최근에는 정보통신 기술의 발달로 생산에서 소비까지 전 과정을 컴퓨터로 처리하는 전자상거래(EC; Electronic Commerce)가 활성화되어 기업은 물류 비용을 줄이고, 소비자는 값싸고 질 좋은 제품을 집에서 구매할 수 있어 소비자와 기업 모두에게 이익을 주고 있다. 즉, 전자상거래(EC; Electronic Commerce)는 기업이나 개인의 상품 구매에 대한 활동을 컴퓨터나 정보 통신망 등 전자화된 기술을 이용하여 수행하는 시스템을 의미하여, 나아가서는 이에 따라 실현되는 경제 활동을 의미하기도 한다.

2) 행정 분야에서의 활용

행정기관에서는 민원처리, 각종 행정통계 등의 여러 가지 행정에 관련된 정보를 데이터베이스를 구축하여 활용하고 있다. 행정업무의 사무자동화(OA; Office Automation)가 이루어져 있고, 모든 민원서류를 정보통신망을 이용하여 원격지에서 발급받을 수 있을 뿐만 아니라, 가까운 은행에서도 세금과 공과금을 납부할 수 있게 되었다.

특히 가상 우체국과 전자 주민카드 등이 곧 실용화되면 행정 서비스 분야에서도 보다 편리한 생활이 펼쳐질 전망이다. 전자 주민카드는 반도체 칩이 부착되어 있어 주민등록, 건강보험, 운전면허증 등의 신분을 확인할 수 있는 수단을 제공할 뿐만 아니라, 향후에는 신용카드를 대신하여 물품 구매에서 지하철 개찰까지 대신하게 될 것이다.

3) 산업 분야에서의 활용

컴퓨터는 공업, 상업 등 각 분야에서 널리 활용될 뿐만 아니라 중요한 역할을 담당하고 있다. 공업에서는 컴퓨터를 이용하여 제품의 수주에서부터 설계, 제조, 검사, 출하에 이르기까지의 모든 제품 공정과정을 자동화하여 생산성 향상과 원가절감, 불량품 감소 등으로 제품의 경쟁력을 높이고 있다. 공장자동화(FA; Factory Automation)의 대표적인 예로는 컴퓨터 이용 설계(CAD; Computer Aided Design)와 컴퓨터 이용 생산(CAM; Computer Aided Manufacturing)이 있다. 또한 산업 현장에서 사람이 하기 힘든 위험한 일이나 비위생적인 작업, 정교한 일 등에 이용하고 있는 산업용 로봇도 컴퓨터를 이용한 기술 분야이다. 그리고 편의점이나 백화점 등에서 상품의 판매 시점관리(POS; Point Of Sales) 시스템을 이용해서 매출액 계산, 원가 및 재고관리 등에 컴퓨터가 활용되고 있다. 이러한 시스템의 도입으로 신속하고 정확하게 계산을 하며 능률적으로 관리할 수 있을 뿐만 아니라, 판매 자료를 분석하여 의사결정에 활용할 수도 있게 된 것이다.

재배나 사육시설에서 농작물과 가축이 잘 자랄 수 있도록 온도, 습도, 이산화탄소 농도 및 일조시간 등을 조절하는 데에도 컴퓨터가 이용될 뿐만 아니라, 농산물을 가공하는 공장의 자동화를 통한 식품가공 산업의 발전에도 이용되고 있다. 또한 생체공학 및 유전자 공학 기술, 그리고 작물이나 품종의 개량에도 이용되며, 농가에서 기상 정보, 병충해 방제 정보, 시장 정보 등 농업 정보를 얻는 데에도 이용되고 있다. 그 밖에도 전파를 발사하여 어류의 이동 상황 등을 분석하여 어로를 개척하고 양식장의 환경 제어, 수산 가공 등에 컴퓨터가 이용되고 있으며, 배의 운항 일정과 항로 등을 자동으로 제어하는 안전관리 시스템 등에도 컴퓨터가 이용되고 있다.

4) 기타 분야에서의 활용

컴퓨터는 교육, 연구소, 출판, 가정, 도서관, 예술 분야 등에서도 널리 활용되고 있다. 교육에서의 컴퓨터 이용은 컴퓨터 보조 교육(CAI; Computer Assisted Instruction)과 컴퓨터 관리 교육(CMI; Computer Managed Instruction)으로 구분해볼 수 있다.

보조 교육(CAI; Computer Assisted Instruction)은 강의나 학습에 컴퓨터를 이용하는 것으로, 학습자가 프로그램을 이용하여 개인차에 따라 학습속도와 학습시간을 조절하여 학습하는 방식이다. 컴퓨터 관리 교육(CMI; Computer Managed Instruction)은 학습지도 자료의 정리, 성적 관리, 진로 지도, 교육 계획 등에 활용된다. 앞으로는 학생들이 사용하는 모든 교과의 서책형 교과서가 자기 주도적 학습을 실현할 수 있는 '디지털 교과서'로 전환된다. '디지털 교과서'는 기존 교과 내용에 다양한 참고자료와 학습지원 기능이 부가되며, PC, 스마트 패드, 스마트 TV 등 모든 단말기에서 사용할 수 있는 전자적 매체로서의 역할을 수행하고, 학생들의 무거운 책가방을 대신하고 학부모들에게는 학습지와 참고서를 별도로 구입하는 부담을 덜어줄 것으로 기대된다. 최근 디지털교과서를 이용한 연구학교가 늘어나고 있고,

교원역량강화와 교육의 내실화에 기여할 수 있도록 끊임없이 연구, 적용하고 있는 실정이다.

뿐만 아니라 복잡한 계산이나 정밀한 분석 및 실험 등의 연구 분야에서 여러 가지 형태로 컴퓨터를 이용하여 정확도와 정밀도를 높이고 있다. 많은 작가들이 직접 개인용 컴퓨터로 워드 프로세서와 그래픽 소프트웨어 등을 이용해서 책을 저술하고 있으며, 인터넷을 통해 독자들에게 분배하고 있다. 신문, 잡지 등의 출판물이 컴퓨터를 이용해서 제작되고 있기 때문에 인터넷을 통해서 필요한 검색 단어와 날짜 등을 입력하면 필요한 기사를 쉽게 얻을 수 있다.

가정에서는 보안, 냉·난방 조절, 생활정보 검색, 홈뱅킹과 홈쇼핑 등에 이용되고 있다. 또한 정보통신의 발달로 집에서 컴퓨터를 이용해서 업무를 보는 재택근무가 점차 일반화되고 있다.

정리하기

1. 정보처리능력은 직장생활에서 필요한 정보를 수집하고, 분석하여 의미 있는 정보를 찾아내며, 찾아낸 정보를 업무수행에 적절하도록 조직·관리하고 활용하는 능력이다. 오늘날 정보가 기하급수적으로 증가하고 있는 실정에서, 문제해결에 적합한 정보를 찾고 선택할 수 있는 능력과 찾은 정보를 문제해결에 적용할 수 있는 능력의 함양은 필수적이다.
2. 직업인으로서 업무를 수행하는 데 있어 목적에 적합한 정보를 수집하는 것은 무엇보다도 중요한 일이다. 효과적으로 필요한 정보를 수집하기 위해서는 우선적으로 정보수집의 목적을 명확하게 설정하여야 한다. 그 후 적합한 정보원(sources)을 탐색하여 효과적인 방법에 따라 정보수집을 하여야 할 것이다.
3. 업무를 수행하는 데 있어 정보를 산더미처럼 수집하였다고 하여 의미 있는 것은 아니다. 정보는 체계적인 분석 및 가공 절차가 필요하며, 이를 통해 불확실한 장래를 어느 정도 예측할 수 있을 것이다.
4. 직업인으로서 업무를 수행하기 위해서는 수많은 정보가 필요하며, 이러한 정보는 한 번 활용하고 나면 필요 없는 것이 아니라, 대부분의 경우 같은 정보를 다시 이용할 필요가 발생하게 된다. 따라서 효율적인 정보관리 방법을 숙지하여 정보를 체계적으로 관리하는 것이 매우 요구된다.
5. 직업인들은 정보를 효과적으로 활용함으로써 합리적인 의사결정을 할 수 있고, 새로운 기회를 탐색할 수 있으며, 위험을 사전에 예방할 수도 있다. 따라서 유용한 정보와 그렇지 않은 정보를 구분하여 합리적으로 적시에 이를 활용하는 것은 직업인으로서의 성공에 큰 열쇠가 될 수 있다.

※ **체크리스트**

직업기초능력으로서 정보능력을 학습한 것을 토대로 다음 표를 이용하여 자신의 수준에 해당되는 칸에 ✓표 하시오.

구분	문항	매우 미흡	미흡	보통	우수	매우 우수
정보 능력	1. 나는 자료와 정보의 차이점을 설명할 수 있다.	1	2	3	4	5
	2. 나는 정보의 핵심적인 특성에 대해서 설명할 수 있다.	1	2	3	4	5
	3. 나는 정보화 사회의 특징을 설명할 수 있다.	1	2	3	4	5
	4. 나는 정보화 사회에서 내가 필수적으로 해야 할 일이 무엇인지 설명할 수 있다.	1	2	3	4	5
	5. 나는 업무수행을 위해 컴퓨터가 활용되는 분야를 설명할 수 있다.	1	2	3	4	5
	6. 나는 업무수행 중에 컴퓨터를 활용하여 필요한 정보를 찾아낼 수 있다.	1	2	3	4	5
	7. 나는 업무에 필요한 정보를 효과적으로 활용하기 위한 정보처리 절차를 설명할 수 있다.	1	2	3	4	5
	8. 나는 업무에 필요한 정보를 수집하기 앞서서 필요한 정보의 전략적 기획에 대해 설명할 수 있다.	1	2	3	4	5
	9. 나는 인터넷의 문제점(역기능)에 대해서 설명할 수 있다.	1	2	3	4	5
	10. 나는 사이버 공간에서 지켜야 할 예절에는 어떠한 것들이 있는지 설명할 수 있다.	1	2	3	4	5
	11. 나는 나에게 중요한 개인정보가 무엇인지 설명할 수 있다.	1	2	3	4	5
	12. 나는 나의 개인정보를 보호하기 위한 방법을 설명할 수 있다.	1	2	3	4	5

구분	문항	매우 미흡	미흡	보통	우수	매우 우수
컴퓨터 활용 능력	1. 나는 업무생활에 필요한 인터넷 서비스의 종류 및 특징을 설명할 수 있다.	1	2	3	4	5
	2. 나는 업무를 효과적으로 하기 위해 다양한 인터넷 서비스를 활용할 수 있다.	1	2	3	4	5
	3. 나는 인터넷을 활용하여 필요한 정보를 검색할 수 있다.	1	2	3	4	5
	4. 나는 인터넷 정보 검색을 효율적으로 하기 위한 방법을 설명할 수 있다.	1	2	3	4	5
	5. 나는 업무수행에 필요한 응용 소프트웨어의 특징 및 종류를 설명할 수 있다.	1	2	3	4	5
	6. 나는 응용 소프트웨어를 활용하여 필요한 문서를 제작할 수 있다.	1	2	3	4	5
	7. 나는 데이터베이스 관리시스템이란 무엇인지 설명할 수 있다.	1	2	3	4	5
	8. 나는 데이터베이스 구축의 필요성에 대해서 설명할 수 있다.	1	2	3	4	5

학습 평가

01 다음의 설명을 통하여 괄호 안에 들어갈 말을 쓰시오.

맥킨지의 문제해결 기술에서는 효과적 정보수집 방법의 프로세스로 다음과 같이 진행하는 것을 제시하고 있다.

- (   )과 (   )을 파악한다. 모든 일을 시작할 때는 어떤 경우라도 이 두 가지를 분명히 하지 않으면 안된다. 그렇지 않으면 잘못된 방향으로 흐르기 때문이다.

02 다음은 정보분석의 과정이다. 빈칸에 들어갈 말을 쓰시오.

분석과제발생 → [   ] → 조사항목선정 → 관련정보수집 → 조사 → 수집정보분류 → 항목별분류 → 종합 → 배포

03 다음을 읽고 정보의 성격이 다른 하나를 고르시오.

정보는 크게 동적정보와 정적정보로 구분할 수 있다. 동적정보는 시시각각으로 변화하는 정보를 의미한다. 반대로 보존되어 멈추어 있는 정보를 정적정보(저장정보)라고 한다.

① CD-ROM ② 뉴스 ③ 잡지
④ 책 ⑤ 비디오 테이프

Memo

사후평가

체크리스트

직업기초능력으로서 정보능력을 학습한 것을 토대로 다음 표를 이용하여 자신의 수준에 해당되는 칸에 ✓표 하시오.

구분	문항	매우 미흡	미흡	보통	우수	매우 우수
정보능력	1. 나는 자료와 정보의 차이점을 설명할 수 있다.	1	2	3	4	5
	2. 나는 정보의 핵심적인 특성에 대해서 설명할 수 있다.	1	2	3	4	5
	3. 나는 정보화 사회의 특징을 설명할 수 있다.	1	2	3	4	5
	4. 나는 정보화 사회에서 내가 필수적으로 해야 할 일이 무엇인지 설명할 수 있다.	1	2	3	4	5
	5. 나는 업무수행을 위해 컴퓨터가 활용되는 분야를 설명할 수 있다.	1	2	3	4	5
	6. 나는 업무수행 중에 컴퓨터를 활용하여 필요한 정보를 찾아낼 수 있다.	1	2	3	4	5
	7. 나는 업무에 필요한 정보를 효과적으로 활용하기 위한 정보처리 절차를 설명할 수 있다.	1	2	3	4	5
	8. 나는 업무에 필요한 정보를 수집하기 앞서서 필요한 정보의 전략적 기획에 대해 설명할 수 있다.	1	2	3	4	5
	9. 나는 인터넷의 문제점(역기능)에 대해서 설명할 수 있다.	1	2	3	4	5
	10. 나는 사이버 공간에서 지켜야 할 예절에는 어떠한 것들이 있는지 설명할 수 있다.	1	2	3	4	5
	11. 나는 나에게 중요한 개인정보가 무엇인지 설명할 수 있다.	1	2	3	4	5
	12. 나는 나의 개인정보를 보호하기 위한 방법을 설명할 수 있다.	1	2	3	4	5

구분	문항	매우 미흡	미흡	보통	우수	매우 우수
컴퓨터 활용 능력	1. 나는 업무생활에 필요한 인터넷 서비스의 종류 및 특징을 설명할 수 있다.	1	2	3	4	5
	2. 나는 업무를 효과적으로 하기 위해 다양한 인터넷 서비스를 활용할 수 있다.	1	2	3	4	5
	3. 나는 인터넷을 활용하여 필요한 정보를 검색할 수 있다.	1	2	3	4	5
	4. 나는 인터넷 정보 검색을 효율적으로 하기 위한 방법을 설명할 수 있다.	1	2	3	4	5
	5. 나는 업무수행에 필요한 응용 소프트웨어의 특징 및 종류를 설명할 수 있다.	1	2	3	4	5
	6. 나는 응용 소프트웨어를 활용하여 필요한 문서를 제작할 수 있다.	1	2	3	4	5
	7. 나는 데이터베이스 관리시스템이란 무엇인지 설명할 수 있다.	1	2	3	4	5
	8. 나는 데이터베이스 구축의 필요성에 대해서 설명할 수 있다.	1	2	3	4	5
정보 처리 능력	1. 나는 업무를 수행하는데 필요한 정보를 수집하기 위한 정보원(sources)를 알고 있다.	1	2	3	4	5
	2. 나는 업무를 수행하는데 필요한 정보를 효과적으로 수집하기 위한 방법을 설명할 수 있다.	1	2	3	4	5
	3. 나는 업무를 수행하는데 필요한 정보를 분석 및 가공하는 것의 중요성을 설명할 수 있다.	1	2	3	4	5
	4. 나는 업무를 수행하는데 필요한 정보를 효과적으로 분석하기 위한 절차를 설명할 수 있다.	1	2	3	4	5
	5. 나는 업무를 수행하는데 필요한 정보를 관리하는 것의 필요성을 설명할 수 있다.	1	2	3	4	5
	6. 나는 업무를 수행하는데 필요한 정보를 효과적으로 관리하기 위한 방법을 설명할 수 있다.	1	2	3	4	5
	7. 나는 수집한 정보가 활용되는 다양한 형태를 설명할 수 있다.	1	2	3	4	5
	8. 나는 업무수행에 유용한 정보와 그렇지 않은 정보를 구분하여 효과적으로 정보를 활용할 수 있다.	1	2	3	4	5

평가 방법

체크리스트의 문항별로 자신이 체크한 결과를 아래 표를 이용하여 해당하는 개수를 적어보자.

학습모듈	점수	총점	총점 / 문항 수	교재 (장)
정보능력	1점 × ( )개		총점 / 12 = ( )	1장, 2장
	2점 × ( )개			
	3점 × ( )개			
	4점 × ( )개			
	5점 × ( )개			
컴퓨터 활용능력	1점 × ( )개		총점 / 8 = ( )	3장, 4장, 5장
	2점 × ( )개			
	3점 × ( )개			
	4점 × ( )개			
	5점 × ( )개			
정보처리능력	1점 × ( )개		총점 / 8 = ( )	6장
	2점 × ( )개			
	3점 × ( )개			
	4점 × ( )개			
	5점 × ( )개			

평가 결과

평가수준이 '부족'인 학습자는 해당 학습모듈의 교재 장를 참조하여 다시 학습하십시오.

모듈별 평균 점수
3점 이상 : 우수
3점 미만 : 부족

출처 : 국가직무능력표준(www.ncs.go.kr)

참고문헌

고용노동부, 한국산업인력관리공단(2016). 2016 NCS 개발 매뉴얼.

구자길(2003). 국가직업능력표준개발을 위한 해외연구 결과보고서: 호주, 영국, 한국산업인력관리공단.

김동연(2015). NCS 기반 직업교육과정 개발 절차 모형의 타당성 연구, 한국교원대학교 대학원 박사학위논문.

김혜경(2010). (실력이 탐나는) 한글 2010. 서울: 정보문화사.

남태희(2013). 컴퓨터 정보 응용학. 서울: 월송.

김지연(2013). 데이터베이스 기초와 실습. 서울: 한빛미디어.

박영일(2016). 新2016 NCS필기시험 통합편, (주)시대고시기획.

윤미숙(2005). 컴퓨터 재량활동 수업에서 STAD협동학습이 ICT정보수집과 정보가공 능력에 미치는 영향, 진주교육대학교 석사학위논문.

이재현(2012). 프롤로그: 트위터란 무엇인가. 이재현(편). 『트위터란 무엇인가: 다학제적 접근』. 서울: 커뮤니케이션북스.

장경호(2012). 환상의 콤비 프레지 & 키노트 & 파워포인트 2010. 서울: 영진닷컴.

정보통신윤리백서, 정보통신윤리위원회(2003).

정영철, 나영남, 박종민(2015). 국가직무능력표준(NCS) 정보능력의 이해, 휴먼싸이언스.

정은숙(2014). (소통의 神) SNS 완전 정복: 페이스북, 트위터, 카카오톡, 라인 한 권으로 끝내기. 서울: 정보문화사.

최준선(2014). (이해하고 제대로 쓰는) 엑셀 2013. 서울: 길벗.

추병완(2001). 정보윤리교육론, 서울: 울력.

이동명, 권오현, 고정국(2014). 컴퓨터 사이언스. 서울: 한빛아카데미.

한국산업인력공단 정보능력 학습자용 워크북.

삼성SDS 기술사회(2010). 핵심정보통신기술총서 05 인터넷산업. 서울: 한울아카데미.

황유선(2012). 소셜미디어란 무엇인가. 소셜미디어연구포럼(저). 소셜미디어의 이해. 서울: 미래인.

Boyd, D. M., & Ellison, N. B.(2008). Social Network Sites: Definition, History, and Scholarship. Journal of Computer-Mediated Communication, 13, 210-230.

〈온라인사이트〉

국가직무능력표준 http://www.ncs.go.kr

네이버 지식백과 http://terms.naver.com

두산백과 http://www.doopedia.co.kr

디지털타임스 http://www.dt.co.kr

연합뉴스 http://www.yonhapnews.co.kr

위키백과사전 https://www.wikipedia.org

전자신문 http://www.etnews.com

정보통신산업진흥원 https://www.nipa.kr

한국인터넷진흥원 http://www.kisa.or.kr

EC. European Qualifications Framework. Retrieved June 1, 2014 from the World Wide Web: http://ec.europa.eu/eqf.(2014)

http://news.chosun.com/site/data/html_dir/2016/12/27/2016122700081.html

http://terms.naver.com/entry.nhn?docId=1054144&cid=42114&categoryId=42114

IT동아 http://it.donga.com/21345/

Sciencetimes

Wikipedia(2012). Social networking service. [Online] Available: http://en.wikipedia.org/wiki/Social_networking_service

찾아보기

ㄱ

개인정보 37
개인정보보호 40
객체 관계형 데이터베이스 121
객체 지향형 데이터베이스 121
게시판 31
계정 140
계층형 데이터베이스 120
공개 자료실 31
공인인증서 58
관계형 데이터베이스 121
구글 드라이브 51
국가직무능력표준 14
기술 14

ㄴ

네이버 클라우드 51
네트워크 데이터베이스 120
네티켓 29
능력단위 15
능력단위분류번호 15
능력단위요소 15
능력단위정의 15

ㄷ

데이터 정의어 117
데이터 조작어 117
데이터베이스 117
데이터베이스 관리시스템(DBMS) 118
데이터베이스 시스템 구성요소 117
도메인(DOMAIN) 122
동영상 재생 유틸리티 114
동적정보 162
드롭박스 51

ㄹ

레코드(RECORD) 121
로터스 82
리본 메뉴 85

ㅁ

무선인터넷 47
미디어 리터러시 21

ㅂ

바이러스 검사 유틸리티 112
분류체계 16
비지칼크(VisiCalc) 81

ㅅ

셀 주소 88

셀(Cell) 88
소양 14
스프레드시트 81

ㅇ

엑셀 82
용어 143
워드퍼펙트(WordPerfect) 72
워드프로세서(word processor) 70
워크시트 86, 88
월드와이드웹 46
유비쿼터스 51
유틸리티 프로그램 112
이미지 뷰어 유틸리티 113
인스타그램 144, 146
인터넷 46
인터넷 게임 31
인터넷뱅킹 58
입력기능 73

ㅈ

자료 28
자료(data) 117
저장기능 73
전송기능 74
전자상거래의 정의 56
전자우편 30
전자우편(E-mail) 서비스 47
정보 28
정보관리 33, 159
정보관리기술사 34
정보능력 19
정보목록 159
정보보안 37
정보분석 155
정보수집 152
정보원 152
정보통신윤리위원회 28
정보화 시대 28
정적정보 162
주제별 검색엔진 61
지식 14, 28

ㅊ

채팅 31
출력기능 73

ㅋ

클라우드 서비스 51
키(KEY) 122
키노트(Keynote) 98
키워드 검색엔진 61

ㅌ

테이블(TABLE) 121

ㅍ

파워포인트 98
파일 압축 유틸리티 112
페이스북 139
편집기능 73
표시기능 73
표준화 14

프레젠테이션 97
프레지 98
필드(FIELD) 121

ㅎ

흔글 71
한셀 83
한쇼 100
화면 캡처 유틸리티 113

기타

#메일 48
@메일 47
C-COMMERCE 57
E-COMMERCE: 57
ICLOUD 51
M-COMMERCE 57
MS Word 71
NCS 14
SNS 134
T-COMMERCE 57

학습평가

정답 및 해설

Chapter 01

01 정답: NCS 또는 국가직무능력표준

02 정답: ①, ④

03 정답: 미디어 리터러시

Chapter 02

01 정답: 개인정보

02 정답: ⑤

03 정답: 아래 내용 중 3개 이상 작성 시, 정답
① 무분별한 개인정보 수집자제
② 개인정보 수집 시 서비스 제공에 꼭 필요한 필수정보와 선택정보 구분
③ 주민등록번호 등 고유식별정보와 종교, 건강정보 등 민감정보는 원칙적 처리금지
④ 홍보·판매 목적으로 개인정보 위탁 시 고객에게 고지하고 철저히 관리
⑤ 개인정보파일은 DB보안프로그램, 암호화소프트웨어 등 안전한 방법을 사용하여 보관
⑥ 보관이 필요한 증빙서류는 법령에서 정한 보유기간 숙지하여 준수
⑦ 인정보파일을 수집 당시 사용목적에 따라 이용한 후에는 알아볼 수 없도록 파기
⑧ CCTV에는 반드시 안내판 설치
⑨ 개인정보보호에 관한 지침·문서 등을 반드시 구비
⑩ 개인정보유출통지, 집단분쟁조정, 단체소송에 대비

Chapter 03

01 정답: 인터넷

02 정답: @메일, #메일

해설: • @메일: 다음(daum)이나 네이버(naver), 구글(google)등의 웹사이트에 회원으로 가입하면 무료계정이 만들어져 누구나 무료로 전자우편서비스를 이용할 수 있다.
계정은 아이디(ID) @ 도메인 (DOMAIN)으로 구성된다.
• #메일: @메일의 단점을 보완하기 위해 공인전자 우편주소인 샵(#)메일이 있다. 샵메일은 공인인증서나 핸드폰 본인 인증서비스를 통해서 가입하여 안전성과 신뢰성을 보장하는 공인전자 우편주소이다. 계정은 아이디(ID) # 도메인(DOMAIN)으로 구성된다.

03 정답: 클라우드 서비스

04 정답: ① ㄱ, ㄷ, ㅁ

해설: 인터넷 기반의 스토리지로 비용지출이 적으며 휴대성이 높고 사용자의데이터를 다른 서버에 보관함으로써 자료손실위험이 낮아 안전하게 보관할 수 있고 저장공간의 제약이 낮아 언제 어디서든 열람 수정할 수 있는 장점이 있는 반면 서버가 해킹당하는 경우 개인정보유추로가 백업의 부재로 인한 자료의 손실 위험이 있다.

05 정답: ④ ㄱ, ㄴ, ㄹ, ㅂ

해설: 메신저(messenger)란 상대방과의 커뮤니케이션을 목적으로 인터넷에서 실시간으로 메시지와 음악이나 사진, 동영상은 물론 대용량의 파일도 보낼 수 있는 소프트웨어이다.

06 정답: 전자상거래

해설: 인터넷 기술 및 멀티미디어 기술의 발달로 인터넷이라는 전자매체인 웹사이트에 접속하여 상품을 사고팔거나, 재화나 용역을 거래하는 사이버상의 행위를 모두 일컫는 말로 쇼핑몰, 인터넷뱅킹, 보험주식거래 등 광범위하게 정보기술을 통해 이루어지는 상거래 시스템을 총칭한다.

07 정답: ② ㄴ, ㄷ, ㄹ, ㅁ

해설: 인터넷상에서 이루어지는 거래이므로 시간적 • 공간적인 제약이 없고 메신저나 이메일 등 고객센터를 통해 쌍방향 커뮤니케이션이 가능하고 카드 수수료와 전자상거래시스템 구축 비용이 많이 소요되어 초기 투자비용이 높다.

08 정답: 정보원 선택, 키워드 검색 또는 검색식 작성

해설: 일반적인 정보검색 단계는 다음과 같다.
검색주제선정–정보원 선택–키워드 검색 또는 검색식 작성–정보 노출

09
정답: ① 키워드 검색엔진: 검색엔진에 핵심 키워드를 입력하고 검색엔진이 키워드와 관련된 정보를 찾는 방식이다. 간단하고 빠른 장점과 키워드가 분명해야 원하는 정보를 찾을 수 있는 단점이 있다. 네이버, 다음, 구글, 야후 검색엔진에서 서비스되고 있다.

② 주제별 검색방식: 검색엔진사이트가 정보를 정치, 경제, 문화 등 주제별로 분류하여 비슷한 항목끼리 계층별로 정리하여 데이터베이스를 구축해서 보여주기때문에 원하는 정보가 상위 디렉토리부터 하위디렉토리까지 분류되어있다.

10
정답: ② 평창 올림픽 & 마스코트

해설: 2018년 평창 동계올림픽의 마스코트를 검색하고자 하는 주제에 맞게 평창올림픽과 마스코트의 조건 두 개가 다 검색되어야 하므로 & 연산자를 사용한다.

Chapter 04

01
정답: ③ 데이터베이스 기능

해설: 데이터베이스 기능은 '스프레드시트'의 주요 기능에 해당한다.

02
해설: 한글의 '표 그리기', '글맵시' 기능을 활용하여 일일교육계획안 문서를 작성해 본다. (워드프로세서 '활동' 부분 참조)

03
정답: ②

해설: COUNT 함수는 인수 중 문자가 아닌 숫자가 들어 있는 셀의 개수를 구한다.

04
정답:

	A	B	C	D	E	F	G
1	기말고사 성적						
2					응시인원	6	
3	성명	국어	영어	수학	과학	총점	
4	이성주	95	65	86	97	343	
5	김은영	97	82	93	80	352	
6	최윤서	85	77	88	85	335	
7	박윤찬	67	89	97	88	341	
8	고진영	76	92	81	67	316	
9	김경철	93	99	72	91	355	
10							
11	평균	85.5	84	86.16667	84.66667	340.3333	
12	최고점수	97	99	97	97	355	
13	최저점수	67	65	72	67	316	
14							

기말고사

05
정답: ②

해설: 프레지는 줌인, 줌아웃이라는 색다른 형태의 프레젠테이션을 제공하는 프로그램이다.

06 해설: SmartArt 기능을 활용하여 프레젠테이션 문서를 만들어 본다.
(프레젠테이션 화면에 입력된 내용 참조)

07 정답: ③
해설: mp4, avi, wmv, mpeg은 동영상 재생 유틸리티의 확장자이다.
이미지 뷰어 프로그램은 bmp, jpg, tif, gif, wmf 등의 확장자를 가진 파일을 지원한다.

08 정답: 데이터베이스

09 정답: 데이터베이스 관리시스템(DBMS)

Chapter 05

01 정답: SNS
해설: 수셜 네트워크 서비스 혹은 SNS는 대인관계망을 형성토록 해주는 웹 기반의 온라인 서비스이다.

02 정답: SNS의 소개글 및 미활용에 대한 적절한 이유
해설: 라인, 페이스북, 인스타그램 등 다양한 소셜 네트워크 서비스를 소개해 보고 만약 사용하지 않는나면 그 이유를 직어본다.

03 정답: 인스타그램
해설: 인스타그램에서는 #뒤에 특정 단어를 넣어 그 주제에 대한 글이라는 것을 표현하며 친구추가(팔로우), 나에게 관심 있는 사람으로 나를 추가한 친구(팔로워) 등의 용어를 사용한다.

Chapter 06

01 정답: 목적, 배경
해설: 정보수집을 위해서는 효과적인 정보수집의 접근방법을 습득하여야 하며, 맥킨지의 문제해결기술에서는 목적과 배경을 파악하여 정보수집을 진행하는 것을 제시하고 있다. 그 외 정보원 파악, 전체에 대한 이해 후 세부적 관점 수집, 다양한 관점 수집 등을 이야기하고 있다.

02 정답: 과제분석

해설: 정보분석이란 여러 정보를 상호관련지어 새로운 정보를 생성해내는 활동으로 '분석과제발생 → 과제분석 → 조사항목선정 → 관련정보수집 조사 → 수집정보분류 → 항목별분류 → 종합 → 배포'의 절차를 따른다.

03 정답: ②

해설: 정보는 크게 동적정보와 정적정보로 구분할 수 있으며, 신문이나 뉴스는 상황변화에 따라 수시로 변하기 때문에 동적정보이다.

저 | 자 | 약 | 력

김경철
한국교원대학교 교수
전 한국어린이미디어학회 회장

신유안
홍익대학교 국제디자인대학원 졸업
삼성 에스원 프로젝트 매니저
한라대학교, 청운대학교 출강

이성주
한국교원대학교 컴퓨터교육 전공
한국교원대학교 대학원 박사과정
한국교원대학교 강사

고진영
한국교원대학교 대학원 박사과정 수료
한국어린이미디어학회 정회원
한국교원대학교, 충청대학교 강사

NCS 직업기초능력
정 보 능 력

1판 1쇄 인쇄 — 2017년 2월 24일
1판 1쇄 발행 — 2017년 2월 28일

저　　자 - 김경철 신유안 이성주 고진영
발 행 인 - 강철원
발 행 처 - 양성원
주　　소 - 경기도 파주시 검산로 173번길 29-12
전　　화 - 031-946-3861(代)
팩　　스 - 031-946-3864
이 메 일 - tnwpub@naver.com
홈페이지 - tnwpub.co.kr
출판등록 - 2015년 8월 31일 제 2015-000211 호

ISBN 979-11-6126-016-7

정가 16,000원